特大型城市公共服务资源配置

基于基层治理、性别平等、健康维护、创业扶持等公共政策实施效应的考察

沈世勇 著

Resources Allocation for a Mega City's Public Service

上海交通大学出版社
SHANGHAI JIAO TONG UNIVERSITY PRESS

管理
MANAGEMENT

内容提要

　　本书运用问卷调查、个案访谈、典型事件等社会调查方法,研究了特大型城市基层治理与创业扶持、社会保障和女职工特殊保护中的性别平等、定点医保机构管理与家庭医生制度等公共政策与公共服务实践中的重点内容。

　　本书可以作为普通高校城市管理、公共管理、健康管理等专业研究生的参考用书,也可以作为公共管理类专业教师、科研人员或行政机关管理人员的研究参考书。

图书在版编目(C I P)数据

特大型城市公共服务资源配置 / 沈世勇著. —上海:
上海交通大学出版社,2019
ISBN 978 - 7 - 313 - 21160 - 6

Ⅰ.①特…　Ⅱ.①沈…　Ⅲ.①城市-公共服务-
资源配置-研究-中国　Ⅳ.①D669.3

中国版本图书馆 CIP 数据核字(2019) 第 070543 号

特大型城市公共服务资源配置

　　——基于基层治理、性别平等、健康维护、创业扶持等公共政策实施效应的考察

著　　者:沈世勇
出版发行:上海交通大学出版社　　　　　地　　址:上海市番禺路 951 号
邮政编码:200030　　　　　　　　　　　电　　话:021 - 64071208
印　　刷:上海春秋印刷厂　　　　　　　经　　销:全国新华书店
开　　本:710mm×1000mm　1/16　　　印　　张:9.25
字　　数:157 千字
版　　次:2019 年 6 月第 1 版　　　　　　印　　次:2019 年 6 月第 1 次印刷
书　　号:ISBN 978 - 7 - 313 - 21160 - 6/D
定　　价:59.00 元

前　言

Preface

　　2018 年是中国改革开放四十周年,社会各界都在反思和庆祝四十年来我国社会经济取得的辉煌成就,在这四十年的发展历程中,我们经历了快速增长,也承担着转型阵痛。中国改革开放从农村起步走向了城市,以农业承包责任化改革为起点,迈向了新型城镇化。社会经济制度已经从改革之初的计划经济体制,经历了计划和市场的双轨制运行,逐步过渡到了市场经济体制阶段,并形成了具有中国特色的社会主义市场经济体制。随着新时代中国特色社会主义的到来,我们继续坚持社会主义市场经济改革方向,力争到 2035 年使人民生活更为宽裕,城乡差距和居民生活差距显著缩小,基本公共服务均等化基本实现。由此可以看出,实现基本公共服务均等化,不仅是公共资源配置的一个重要原则,还是开启全面建设社会主义现代化国家的内在要求。

　　本书是笔者近年来以公共管理学科视域,面向上海市城市管理、社会治理方面理论与实践的需求中,所承接的各级政府纵横向项目所取得的部分成果。力求从政府管理与社会治理方面,围绕公平与效率、政府与市场关系等经典命题,深入到上海市各个阶层开展数据采集,并运用统计分析软件,整理调查结果,提炼出研究结论,旨在为各级政府提供咨询、决策和理论思考的依据。希望本书有益于完善公共服务资源分配的相关理论体系,充实到中国特色社会主义城市社会治理理论中,能够激发各类组织和研究人员,对公共服务资源配置中嵌入政府公平与社会效率方面的思考带来一点启示。

　　本书分为七章,各章的具体内容如下:

　　第 1 章,绪论。本章主要介绍了本书的研究背景与内容结构,探讨了城市社会治理与公共资源配置的关系,从价值维度分析了公共服务资源在收入分配中的定位。

第2章,社会治理创新中网格化管理跟踪研究。本章首先介绍了上海市网格化管理现状,并立足于上海某镇的网格化管理实践,探讨了上海市网格化管理中存在的问题及其原因,从而构建进一步优化上海市网格化管理的目标模式,在此基础上,进一步提出完善上海市网格化管理的政策建议。

第3章,女职工特殊保护权益的发展研究。本章以全面两孩政策出台为背景,介绍了上海市女职工特殊权益保护的现状,通过对上海市育龄女性调查,走访各级妇联组织和妇女代表,采集数据并进行分析处理,总结了上海市女职工特殊保护权益中存在的问题及其原因,在此基础上,提出了完善上海市女职工特殊保护权益的政策建议。

第4章,社会医疗保险基金资源优化配置研究。本章首先运用文献分析,提出了社会医疗保险基金不合理使用的三种假设及其机理,并对上海某区典型定点医疗机构(中医与西医、公立医院与民营医院)中的社会医疗保险基金使用状况进行了对比分析,构建了公共卫生服务资源分配的目标模式,在此基础上,提出了完善公共卫生资源合理分配的政策建议。

第5章,社会保障政策实施中的性别平等。本章首先回顾了以往的研究,提出了社会保障政策实施平等的研究选题,接着对上海市社会保障政策文件展开了文本分析,根据文本内容提炼了问卷,通过对上海市的基线调查、个案访谈并收集数据资料,在对数据进行分析的基础上,从性别嵌入视角指出了确保社会保障政策实施中的公平机制和流程,最后,提出了完善上海市社会保障性别平等政策的实践策略。

第6章,市民健康基层守护:家庭医生制度实施效应研究。本章首先梳理了家庭医生研究的相关文献,针对上海市家庭医生政策推进状况,设计了上海市家庭医生访谈问卷和上海市家庭医生的签约人群的问卷,在对全上海800多份问卷进行梳理和分析后,提出了上海市家庭医生制度取得的成就与存在的问题,在此基础上,给出了提升家庭医生守护健康能力的对策建议。

第7章,公共创业服务支持政策及实施效果研究。本章首先回顾了公共服务创业政策的文献,并提出了研究框架,根据上海某区在推进公共创业政策中的实践状况,对典型创业园区、典型创业企业进行了个案访谈,并根据园区、创业企业和政府政策目标状况,分析了上海某区创业政策的实施效应,在此基础上,提出了优化上海创业环境的对策建议。

目　录

Contents

第1章

绪论:论城市社会治理与公共资源配置

　　十九大报告对 2020 年到 2050 年实现社会主义现代化的目标做出了战略部署,到 2035 年我国国家治理体系和治理能力现代化基本实现,到 2050年(本世纪中叶)实现国家治理体系和治理能力现代化,人民将享有更加幸福安康的生活。与此同时,还谈到了完善公共服务体系,加快推进基本公共服务均等化的战术安排,即提高就业质量和人民收入水平,加快推进基本公共服务均等化。中国幅员辽阔,不仅在经济发展上存在着较大的城市差异,在社会发展水平和城市管理能力上也存在着一定的地区差距。国家治理体系和治理能力现代化的实现,需要一个个城市单元为基础和支撑,将中央政策落到实处,维护各地区百姓的基本权益。就城市管理者们而言,一系列不容回避的问题有:如何推进公共资源存量的整合? 如何协调好公共资源分配与公共资源增量之间的关系? 如何提高城市治理能力? 如何提升公共资源配置水平。

　　城市治理过程也是一个城市公共资源配置和整合的过程。地方政府通过布局资源、匹配资源、调配资源和使用资源,不仅实现了自身管理目标,还完成了资源供给与需求之间的匹配。公共资源配置的效率和效果,决定着这个城市治理的能力和水平。有的城市管理者不仅能够将现有资源做到最好的利用,而且也能够将新增资源进行良好的匹配,同时满足现在与未来需要,这个地方政府的资源配置效率高,资源利用效果好,那么,也就意味着这个城市的治理能力和水平就高;而有的城市公共资源配置的效率低,不仅无法利用好现有资源,而且对于新增资源的使用,也未能有战略层面的思考,城市定位不准确、规划不清晰,城市建设也经常推倒重来,造成了巨大资源浪费的同时,从而彰显了该地区政府治理能力低下,留下了治理水平不高的诟病。

　　城市与城市之间的差异决定了不同城市公共资源配置水平、公共服务供给能力、城市社会治理水平各不相同。这既有来自经济发展基础的原因，也有社会发展、文化建设、历史遗留、城市规模等方面的原因。不少城市拥有的经济资源较多，公共资源相对较为宽裕，城市公共资源体系相对完善，公共服务供给能力就强，给城市管理者留下的治理空间相对多；还有些城市拥有的经济资源较少，公共资源相对匮乏，城市公共资源体系尚未建成，公共服务供给能力就弱，给城市管理者留下的治理空间相对少。一般来说，较大规模城市，需要协调的公共资源、公共资源与私人资源之间的关系也就越复杂，对城市管理者提出的要求也相对较高，城市治理的难度也就较大；较小规模城市，就城市内部空间而言，需要协调的人口与公共事务相对较少，对城市管理者的能力要求较少，城市治理的难度也相对较小。

聚焦特大型城市的社会治理，至少可以从以下几个层面观察公共资源配置的效率与效果，总结城市社会治理的经验，反思城市社会治理的教训：①大型城市的规模优势，决定了需要协调的公共资源数量庞大，对于城市管理者的能力要求较多，可以总结出城市管理者公共治理的经验，供各地方政府管理学习和参考；②特大型城市的人口承载率高，城市治理复杂性强，面对不同人口对象，进行资源调配和划分的难度就大，通过典型分析可以找出相应的管理经验，为当前新型城镇化过程中的中小城市发展提供参考；③特大型城市外向型程度较高，不仅需要协调城市内部的关系，还需要协调城市与其他地区的人群就业、福利分享等方面的问题，这往往能为广大的新型中小城市，甚至是其他大型城市，提供具有未来性、前瞻性的借鉴和思考。

总之，在城市化进程中，从重点关注城市经济发展驱动，到逐渐探索城市治理典型经验，开拓出一条符合各自城市管理特色的道路，将是未来的城市管理者们亟须面对和长期面临的理论命题和实践问题。

上海市是典型的特大型城市，有着良好的城市基础和厚重的文化底蕴，进入21世纪以来，正致力于打造国际大都市、全球城市。相对于全国而言，上海不仅具有良好的经济实力，还具有走在前列的城市治理经验；不仅承载着城市内部的治理功能，还面临着与其他城市发展的对接；上海不仅在经济上是长三角乃至全国城市的龙头，而且在社会治理上早在2014年市政府就出台了1号文件，也就是"1+6"文件，全面推进着城市治理进程。所以，研究和探讨上海问题，不仅有利于总结出上海城市管理的经验教训，抽取出具有代表性的典型特征，服务于上海市的社会经济事业，而且更有利于将这种复杂的城市管理经验向全国推广，这不仅体现了中国道路、中国特色，更有利于形成一条符合中国自信与自我发展的独特制度。

本书抛开了就事论事的分析框架，也摒弃了过于宏观的理论架构，只是借助于对上海城市发展的观察,聚焦于上海近年来城市发展中面临的理论和实践问题。这些选题源自地方政府的实践困惑,作为解决实践部门问题的研究报告、专报,本课题相关内容对公共服务资源的流向起着理论指导作用和实践借鉴价值。具体而言,本书涉猎的内容包括了:公共服务资源在初次分配和再分配中的关系问题;公共服务资源在再分配中的使用效率问题;公共服务资源在再分配中的人群平等问题;公共服务资源在初次分配中的性别平等问题;公共服务资源在政府不同资源之间的配置问题;政府实施保险类项目中的公共服务资源配置问题等六个方面。

1.1　公共服务资源在再分配中的效率

公共服务资源在再分配中的使用效率,一个不容回避的问题是社会治理能力,可以肯定的是要形成现代化社会治理格局,确保社会充满活力并和谐有序,就需要加强和创新社会治理。网格化社会治理是提升城市管理效能,创新社会管理模式的重要抓手。有效率的分配公共服务资源不仅有利于让有限的公共资源流向更广的领域、更多的项目、更密的人群,而且有利于促进有效的社会治理、良好的社会秩序,能够使人民的获得感、幸福感、安全感更加充实、更有保障、更可持续。在该部分内容中,围绕本市网格化管理的现状,对典型地区的网格站点、网格长、网格员以及辖区群众展开深度调查和访谈,了解网格划分的依据,进而对上海"1+6"政策体系中有关网格化实施情况进行跟踪评估。调查显示上海某镇的网格化管理工作呈现出结构清晰,责任明确;能够常态化巡逻,及时发现问题;根据网格化要求收集、上报、处理信息等特点。同时,也可以看出上海某镇的网格化管理中还存在巡视盲点,制度执行不严;网格存在死角,边界管控困难;管理队伍不稳定,专业性不足;缺乏有效激励;巡视力度薄弱以及管理体制等方面的缺陷和问题。这就需要合理细分网格,明确责任边界;完善主体责任,强化职能考核;规范管理流程,联动分类处置;坚持以人为本,倡导柔性管理等方面的优化目标。本章针对地方实践,从管理标准、网格划分、考核机制、队伍培训、共同治理等方面提出了具体的政策建议。

1.2　公共服务资源在初次分配中的性别平等

公共服务资源的使用效率固然非常重要,但与之对应的公共服务资源使用公平也是不可或缺。公共资源分配的公平性至少可以分为区域公平、城乡公平、人群公平等几个方面。在涉及人群的公平中,有一个经典命题就是性别公平。由于公共政策涉及初次分配和再次分配领域,所以,性别平等的考察也包含了初次分配和再次分配领域。在初次分配领域,也就是就业过程中,为了促进性别平等,往往通过制度设计对女性工作进行特别保护。但是基于性别的特殊保护效果如何?是否真正帮助女性实现了劳动力市场平等就业的权利?近年来人口结构的变化推动了我国放开了生育政策,从双独二孩、到单独二孩,再到全面二孩。我国放开了的生育政策,固然能够满足不同群体的生育意愿,但在缺少托幼政策、养老政策等家庭配套政策的支持下,人口政策的松动势必会引发家庭内部分工变化,从而影响到两性在劳动力市场中的地位,导致初次收入分配中的两性不公。在该部分内容中,围绕上海市女性劳动特殊权益保护,从性别视角对政策文本分析,并对上海各区育龄女性,在妇幼医院、早教中心、儿童乐园、购物中心、社区活动中心等女性比较集中的地方进行随机访谈和问卷调查,调查显示上海市全面两孩政策的实施,使女性工作搜寻更加困难、职业困扰加大、劳动参与减少、职业晋升减慢,究其原因不难发现家务劳动增多、家庭责任加重、家务劳动认知度低等问题困扰着女性职业竞争力,与此同时社会保障政策不健全也削弱了女性特殊权益,需要政府政策向公共服务资源倾斜、劳动力市场政策优化、家庭政策的配合等方面共同发力,从而营造两性平等的就业氛围。具体来说需要立足平等就业理念、优化政策;合理界定"生"与"育"的责任,推进家务劳动社会化,提升公共服务职能,强化政府公共财政责任等方面进行政策部署并付诸实施。

1.3 公共服务资源在再分配中的性别平等

社会保障政策的公平性是再分配领域的重要问题,也是政府履行再分配调节职能的重要抓手。在社会保障享受对象的均等化中,性别公平值得关注,这不仅因为男女平等是国家的基本国策,其实现程度决定着社会文明进步,还因为男女平等是家庭、社会、政府推进公平的基础条件,更是公共资源均等化实现的本质要求。在该部分内容中,课题组围绕社会保障相关的政策文本展开研究,梳理了140项上海市社会保障政策文件,分析文本中所涉及性别政策的公平状况,通过社会调查和个案访谈,深入了解上海女性对养老保险政策、医疗保险政策、社会救助和优抚、就业促进、生育保险等社会保障项目实施中性别公平的态度和看法,进一步分析表明,地方政策实施中存在生育保险覆盖范围小,两孩政策缺乏评估,就业保障中有隐性性别不公等问题,进而探讨了上海嵌入性别视角的政策机制和流程,从价值确立、责任划分、法规制定、政策实施等方面展开了分析;最后,立足于完善地方政策的实践目标,本章从推行家庭为中心的政策支持系统、打造市场为中心的家庭服务平台、构建社区为中心的终端帮扶系统等方面,提出了对策和建议。

1.4　保险类项目中的公共服务资源配置

社会保险基金是一种特殊性质的公共资源,不同于一般的政府财政预算项目,社会保险基金是为了化解某一个特定风险的需要,通过社会化的方法和手段筹集资金,根据专款专用的原则使用基金。社会医疗保险基金就属于其中一种。当前已经转由税务机构代为征收社会医疗保险基金,医保经办机构管理和监督社会医疗保险基金的使用,通过选择定点医疗机构,确定总额预算的数额,调配着社会医疗保险基金资源。定点医疗机构的管理效率,决定了社会医疗保险基金资源配置的能力和水平。文中该部分内容,从社会医疗保险基金不合理使用的假设开始,着重介绍了营利性医保定点机构与非营利性医保定点机构,揭示了两者在目标设置、诱导需求、医患合谋等方面可能存在差异的机理。接着运用某区的医疗保险定点机构的数据进行了实证分析,着重对比了四家民营医疗机构与其类型和规模相当的公立医疗机构的社会医疗保险基金支付规范化程度,其指标包括:复诊率、人均自负水平、医保支付数额、次均总费用、次均药品费用、社会医疗保险基金违规次数和数额等方面。在对结果进行分析的基础上,提出了公共卫生服务资源分配的预防性原则、公平性原则、效率性原则、规范性原则的目标模式,最后,提出了扩大基层公共服务资源设施、纳入医养结合支付制度、完善基金支付网络体系、规范数据挖掘管理体系等系统化提升医保资源配置效率与保证医保资源配置公平的路径。

1.5　公共服务资源在政府不同项目之间的配置

医疗卫生作为公共服务资源的一个重要组成部分,一直以来被视为改革的重点项目。随着十九大实施健康中国战略的提出,围绕健康资源的优化配置问题也受到了越来越多的关注。新医疗卫生体制改革的一个重点就是建立家庭医生制度,发挥家庭医生基层健康守门人的作用。通过家庭医生的基层首诊、实现不同等级医院之间的逐级转诊,实现医疗资源的合理使用,提升医疗卫生的质量与水平。上海市家庭医生制度推进较早,剖析上海市家庭医生制度的实施效果,可以更深层次地把握基层公共卫生服务资源的利用状况。在该部分内容中,笔者所在的课题组通过对签约居民的调查,了解居民对于家庭医生制度的认知、动机、需求、行为、结果评价等5个方面。接着,采取了社会调查研究方法,采用分层随机抽样方法选定了上海8个区,21个街道,73个社区卫生服务站点进行了走访,调查显示,上海市家庭医生影响着医患关系,对患者诊疗习惯产生了积极影响,同时,也发现家庭医生在守护基层健康中存在着供给能力明显不足、服务能力尚需提升、服务对象尚需扩大等方面的问题。最后分别从明确家庭医生服务内容和目标、加强基层医务人员的队伍建设、搭建健康档案的技术平台、社区人口健康分类管理、实施家庭医生的信任机制建设等方面提出了对策建议。

1.6　公共服务资源在收入分配中的定位

在公共服务资源的初次分配和再分配的关系中,一个值得思考的问题是公共资源在公共项目和私人项目之间的配置。相比西方而言,中国有着特殊的政治结构,处于改革开放进程中的特殊社会历史时期,公共资源不仅在公共领域发挥作用,还被投入到社会领域,乃至具有竞争性的产业领域。就产业政策而言,政府是否需要对其进行因势利导?还是直接交给市场,只提供有利于产业发展的制度环境?关于这个问题,张维迎教授和林毅夫教授的辩论似乎也没有形成统一的结论,争论还在继续,但是政府动用公共资源促进产业政策发展的现实一直未变。有学者指出即使西方国家政府也会对产业投入资源,关键是动用了多少资源?帮助产业发展的程度?财政政策支持的水平如何?在该部分章节,我们探讨了创业政策的实施情况,围绕典型地区、典型园区的创业企业进行了深度调查,从典型企业的创业过程入手,了解到该区政府在制造业、服务业、互联网+等不同类型创业企业中的服务项目和服务重点。调查显示上海某区的创新创业氛围日益浓厚、各级政府创业服务能力显著增强、政府改善创业服务环境成效显著、创新创业人才的集聚效应明显提升。同时,也可以看出地方政府在创新创业服务理念方面亟须进一步转变、创业企业资金支持政策需要进一步优化对接、政府创新创业服务内容也需要进一步充实。本书对此提出了转变政府职能,优化政策流程;明确财政责任,理顺府际关系;整合园区资源,搭建资金平台;优化服务项目,组织高端培训;增加法律辅导,缓解劳动矛盾等方面的政策建议。

在本书中,更多的工作聚焦于展示特大型城市公共服务资源配置可能会面临的问题,试图通过文本分析、深度访谈、问卷调查等社会调查工具和手段,揭示涉及的城市管理、城市公共资源配置等多方面实践,并引导读者思考:政府应该如何定位? 政府工作努力的方向和结果如何? 是否能够真正被城市居民、企业组织、社会团体理解和接受? 这些问题不仅可以帮助政府更好地完善和优化政策设计,提高政府政策出台的接受度和参与度;而且可以帮助各类组织的探讨以及居民更好地了解政策制定的过程,理解政策制定的目标和执行的动机,从而为全社会提供更广泛的协同治理平台和基础。

第 2 章

社会治理创新中网格化管理跟踪研究

2.1　引言

党的十八届三中全会提出切实转变政府职能、创新社会治理的总体要求,网格化社会管理作为推动城市管理各部门工作效能提升、实现城市长效常态管理模式创新的重要抓手。2014 年上海出台了由《关于进一步创新社会治理加强基层建设的意见》及 6 个配套文件构成的"1+6"政策体系。上海建设现代化国际大都市步伐的加快,对社会治理提出了更高的要求,评估网格化管理制度实施效用已刻不容缓。目前,直接针对上海社会治理创新中网格化管理跟踪的研究尚不多见,但是网格化管理的相关理论与实践研究已经取得了可观的成果,为本课题提供了重要的借鉴。

2.1.1　网格化技术应用视角

网格化管理缘起于德国的网格化搜索法,这是一种利用坐标定位、地理编码及网格地图技术进行搜索的方法。Foster 和 Kesselman 对网格进行了界定,即网格为构筑在互联网上的一种新兴技术,它将高速互联网、高性能计算机、大型数据库、传感器、远程设备等融为一体,为科技人员和普通百姓提供更多的资源、功能和交互性。这种运用网格技术处理城市社区事务的新兴社会管理模式,实现了社区社会管理从总体支配向技术治理转变[1],通过合理的制度化安排,实现了政府的管理与服务职能在基层社会中的有效延伸[2]。可以看出网格化技术的应用、融合是网格化管理的核心,也是网格

---

① 李见顺.宜昌市网格化社会管理的经验、问题与对策[J].湖北民族学院学报(哲学社会科学版),2015,33(03):67-71.

② 杨宗辉,田野.网格化管理的再思考[J].暨南学报(哲学社会科学版),2017,39(12):27-32.

化治理的关键。网格化治理是将城市管理和社会服务等内容进行整合①。尽管在社会管理和社会治理中,加入现代化的技术手段已经成为不可逆转的趋势,但也有专家提出了技术应用的价值理性,担忧网格化社会服务管理面临着公共伦理偏移等问题,认为应推进网格化管理价值理性和工具理性融合,破解网格化管理推广模式应用困境②。在网格化技术应用方面,专家们关注了管理模式的嵌入,对网格化管理与政府职能定位进行研究③。由此可知,网格化管理是通过应用网格化技术,嵌入管理模式,以城市管理和社会服务为内容,兼顾价值理性和工具理性的一种管理手段和方法。

2.1.2　基层社会治理的视角

基层社会的治理是社会治理、社会发展的关键。有专家分析了中国本土产生的基于信息技术上的网格化管理,在政府全方位提供公共服务方面对无缝隙政府的突破与超越,实现公共服务流程再造④。拉塞尔认为无缝隙组织提供了一种流畅的、真正的不费气力的经验,以一种整体的而不是各自为政的方式提供服务。在如何扎根基层社会上,有专家指出网格化管理重构了组织结构,网格化管理模式核心在于通过"网格化"实现组织创新⑤,要深入探讨网格化管理模式在维护基层社会稳定的适用性⑥。针对基层微治理的出现,被看成是居民自主探索创新社区服务和自我管理的成果⑦。在内在基层治理机制上,有专家认为网格化治理得益于权力效应、仪式化规训、混乱的清除、全景敞式监管与对预防的重视等内生机制⑧。还有专家从治理主体、治理方式、治理平台、治理对象、治理绩效五个方面出发,构建了一套社会治理评估指标体系⑨。但也有专家提出了质疑,受到各个领域追捧的网

---

① 张丽,韩亚栋.网格化治理:"织网工程"和创新动因[J].求索,2018(03):54-60.

② 柯尊清,赵晓菲,杨苏琳.西部民族地区乡镇政府执行力问题及对策研究——昭通市X乡个案[J].云南行政学院学报,2013,15(05):151-154.

③ 赵语慧.网格化管理与政府职能定位[J].人民论坛,2013(02):66-67.

④ 竺乾威.公共服务的流程再造:从"无缝隙政府"到"网格化管理"[J].公共行政评论,2012,5(02):1-21+178.

⑤ 童星.社会管理的组织创新——从"网格连心、服务为先"的"仙林模式"谈起[J].江苏行政学院学报,2012(01):53-56+67.

⑥ 马树颜,常桂祥.网格化管理与基层维稳机制创新[J].济南大学学报(社会科学版),2013,23(06):52-56.

⑦ 李婷婷.城市社区微治理的实践困境及其破解[J].理论探索,2018(03):88-96.

⑧ 叶岚.城市网格化管理的制度化进程及其优化路径[J].上海行政学院学报,2018,19(04):27-38.

⑨ 彭莹莹.社会治理评估指标体系的设计与应用[J].甘肃行政学院学报,2018(02):89-98+125+127-128.

格化管理在模式启动、运行、维持及推广四个阶段分别存在问题,还不能与当前社会体制兼容[1]。网格化管理可以视为国家对基层治理结构的重建途径,然而缺乏行政管理体制的变革,网格化管理出现了悖论,应进一步反思基层社会治理的改革之路[2]。

2.1.3 网格化管理未来展望

网格化管理向网格化治理转变是网格化管理未来发展的方向。所以,应努力营造官民共治的社会治理格局[3],在具体措施上应当以社会前端管理为重点,以服务公众为核心,充分整合现有的各类管理资源和管理力量,实现城市网格化社会管理模式从单一被动到多元联动的转变,从而最大限度地发挥网格化管理的效益[4]。而互联网+社会治理上海浦东的 e 家园项目完成了"网格化管理"向"网格化治理"的华丽转身,未来也可以将管控走向服务、从单一规制走向全员参与[5]。同时,也可以通过信息技术把参与主体连接起来,形成"一核多元"、分工协调、有机配合的社区治理主体网络体系[6]。对于未来城市管理或者治理的目标而言,要协调好效率与人性发展的关系。如果排除所有的随机性因素,那么就会将它们由丰富多彩的生物体变成沉闷的机械自动装置[7]。由此可以看出对于网格化管理乃至整个网格化治理的未来走向,需要以人为本,这不仅关系到网格化管理手段的应用,也关系到网格化管理的技巧,网格化管理初衷与目标。

以上研究多从政府管理视角着手,对网格化管理的微观主体功能及其创新社会治理结构的关注还有待提高,对促进网格化管理的宏观制度设计与社会主体微观治理功能的内在逻辑的关注,也有进一步提升的空间。本章节旨在根据当前上海经济社会发展实际,以持续深入推进本市社会治理创新为目标,结合各区县具体做法,深入了解基层干部、社区工作者、广大居(村)民等群体的意见诉求,从宏观制度优化以及微观主体诉求出发,对"1+6"政策体系中有关网格化的实施情况进行跟踪评估,厘清网格化管理中的重点、

---

① 张权,尹昭慧."解构"网格化管理[J].河北学刊,2013,33(05):178-181.
② 孙柏瑛,于扬铭.网格化管理模式再审视[J].南京社会科学,2015(04):65-71+79.
③ 俞可平.善治与幸福[J].马克思主义与现实,2011(02):1-3.
④ 文军.从单一被动到多元联动——中国城市网格化社会管理模式的构建与完善[J].学习与探索,2012(02):33-36.
⑤ 张波.基于"互联网+"的基层社会治理创新研究[J].电子政务,2017(11):30-38.
⑥ 李增元,刘枭林.信息化治理:农村社区治理技术创新及其实现途径[J].社会主义研究,2017(06):98-105.
⑦ 唐皇凤.我国城市治理精细化的困境与迷思[J].探索与争鸣,2017(09):92-99.

难点、焦点问题,强化系统设计,从制度设计层面和执行层面提出政策建议。

2.2　上海市网格化管理现状

2.2.1　结构清楚,责任明确

1) 网格化管理的组织结构

上海市自实行网格化管理以来,各区街镇成立了社会治理办公室,建立了社会治理联动指挥中心,设立了综合执法队。通过综治办组织协调,在区域内形成了以公安机关为骨干,以群防群治为依托,以社会面、居民区和内保单位防范为基础,点线面结合、人防、物防、技防结合,形成了上下联动的社会治安防控网络。依托网格管理工作站、网格长、网格员所形成的社区自治力量,在街镇全区域范围内实行,以及时发现问题、就地解决问题、终端上报问题为一体的网格化管理手段,街镇社会治理能力有效提升。在调查中可以看得出每个工作站都有一个网格管理地图,上面的网格清晰可见,每个网格有专门的网格长,并配备着一定的网格员,形成了纵横向相结合的矩阵化的网格管理组织结构。

2) 网格化管理的主要职责

每个网格又划分为单位管辖和无单位管辖,对于有单位管辖的区域,由单位根据自身的生产经营需要,出具管辖的人力、财力和自身的管理制度进行自我管理,而没有单位管辖的区域,则由网格化管理机构进行统一管理。所以,单位内部不归网格长管辖,网格化管理主要针对无单位主体、无责任主体的公共场所部分,单位内部范围由单位责任主体自行管理,如林场、工业区、公园、游乐园等单位,有单位内部的管理系统,属于单位管辖的范围,从而形成了单位内部管理和政府网格管理的平行管理系统。

3) 网格化管理的队伍建设

如某镇管辖内的 18 个村(居),形成了 18 个网格工作站。每个工作站设立一名网格管理站站长,一般由党政一把手担任网格管理站站长,党政一把手对网格化管理工作负领导责任;在每个工作站内部依据小区、街道、河流、道路等明显分界线,形成了 50 个左右大小不等的网格,而网格长一般由村、居委副主任及相关工作人员担任。每个网格长对于自己所辖范围内的、主体网格内的情况较为熟悉,网格化管理的边界责任相对清楚。网格员一般采取公开报名招募的方式选举产生,或者由站长和网格长物色人选。从网格员的构成来看,社区中的网格员主要由老年志愿者组成。居委会为其准备了红马甲,他们平时以散步、走路的形式进行巡逻。网格员的设置,不仅调动了很多退休人员为社区管理服务的积极性,而且也让这些老年志愿者们找到存在感和价值感。传统的乡镇使用本地居民尤其是退休老年志愿者,有利于调动社区居民参与网格管理、参与社会劳动的积极性。

2.2.2　巡查常态化,发现问题及时

1) 网格化管理的内容

调查显示,某镇网格化管理主要包括:治安消防、道路交通、市容环境、经营行为、食品安全以及其他事件。这些项目也是事先设定好的内容,主要以安全性项目为主,涉及老百姓生活的多个方面。在对网格员的调查中,大多数网格员对涉及问题的类型清楚,对于巡逻中遇到的治安、环境、纠纷等问题能够现场解决问题,对于工作中碰到的问题也能较好地反映给工作站站长、网格长。工作站站长和网格长对管辖范围内人员配置,管辖范围较为清楚。网格长有问题通过 App 上报,自查自处,能够自己解决的就自己解决,不能够解决的就向上级汇报。或者和派出所人员一起进行合作解决。对于网格化管理的管辖权和处置权,大都有明确的分工,网格员充当信息了解、沟通、上传的功能,具体问题的解决还需要实际管理部门的配合。信息化的管理手段,规范的管理技能能够更好地完成信息的编码和传送工作。

2) 网格化巡逻的工作

网格化巡逻是网格员的重点工作。通过网格化巡逻可以发现网格内发生的问题,并即时地处理或者上报。有利于将事态的发展处置在起始阶段,避免了进一步蔓延的可能和危险。调查显示网格员平时通过步行或者开车进行巡逻,巡逻是发现问题的基础,网格员开展巡逻工作,一天巡逻两次,每个区巡逻一次需要花的时间不等,有的只需要 2～3 个小时,有的网格完整地走一遍需要花更长的时间。大多数网格化管理员由于居住在网格内,能够及时了解网格内的情况,巡逻工作的开展,也较为常态化。但也有一些网格地区所处范围较大,完成巡查的时间较长,要形成有效巡查的难度较大。

3) 网格化管理问题发现

网格员通过巡查发现问题。一般不采取主动介入的方式,毕竟在没有事态发生的时候,主动介入有点大海捞针的感觉。所以,调查显示大多数网格员主要以观察的方式,来发现巡查中可能出现的问题。等待发现问题或者疑似问题后再进行上报处理。在对网格长的询问中也显示,网格长对于自己所上报问题的类型较为明确,问题发现后,也能有效归口并上报到条线管理部门。对于网格员在巡查中所发现的问题,网格长会亲自去现场进行

核实,并和网格员一起向上进行双向的汇报,提取现场图片。

2.2.3　信息渠道广泛,上报与自处结合

1)信息点采集信息

除了通过网格员的常态化巡逻发现问题,有些村、居网格还通过网格内的商业网点,如商铺、小店,建立了一些联系点,而这些小型的商业网点,往往长期扎根村居,服务当地居民,熟悉服务对象,对于新进入的各类陌生人和外来人员能够快速判别、做出反应,能够及时发现异常情况,具有强大的信息优势。随着现代城市的兴起,熟人社会被分割成一个个原子社会,这种社会结构中,一定范围群体之间的沟通相对减少,互相间的相识度、信任度较低,不利于社会管理和治理。建立信息点则可以解决这个问题,这是一个社区信息交流的重心,也是信息采集的重心,大家在这个信息点买菜、买日用副食,甚至社区活动中心下棋、跳舞的同时,利用了每一个社区成员的眼睛,交流着彼此采集来的信息,这不仅能够增进社区邻里关系,还能够为网格员收集信息、上报问题提供足够帮助,有利于增强社区的安全感和信任度。

2)问题及时上报

对于所发现的问题,首先,通过现场查看、搜集证据等方式来核实问题的真实性。在信息确认后,通过打电话、手机 App、小联动表格(包括时间、地点、照片)这三种方式上报。网格长、网格员之间形成了联动机制,网格长不能发现的问题会由网格员向网格长反映,各网格长之间信息共享、互相监督、发现问题、共同解决问题,不能解决的以表格形式上报给街镇政府大联动,会有行政、司法、公安等部门协调来解决问题。

实地调研中显示,网格长和网格人员往往先根据事件类型自行处理问题,不能够解决的就向上级汇报。其中90%能够自己解决,10%上报给上级解决。如占道停车等主要通过劝导的方式;在纠纷处理方面,村内有专门的调解员协调解决村民之间的纠纷。对于上报问题的处理较快,一般两个工作日可以处理,最快当天即可,问题处置的效果也十分显著。如:2014 年 9月 J 居委网格管理站内,21 号楼发现"全能神"邪教组织,并成功破案,受到上级的表扬。

2.3　上海市网格化管理存在的问题及原因分析

2.3.1　巡视存在盲点,制度执行不严

网格员根据自己对网格区域内事件发生的个人判断,进行巡视工作。

管辖范围过大,人力物力有限,任何事情都要过问,基层压力过大。如 C 居委:规划初期,规划了 5 块。但是由于负责人须副职担当,实际只有两个副职,所以共划分了 2 块,由两个副主任负责。由于地域面积大,一圈兜下来很吃力,因此凸显人力不够。如江秋村,划分了三个网格,很多地区正在拆迁,网格管理人员往往骑助动车走一圈拆迁的地方,单位巡查时间较短,往往很难做到有效巡视。在外来人口集中的地区,由于外来人口多、人员流动性大,网格巡逻人员明显不足。如:B 居委,还有一些村居由于拆迁和土地征用,导致了大片田地无人居住,网格员住在管辖区之外,距离较远,所以有效巡逻的力度较小。

2.3.2　网格存在死角,边界管控困难

由于动迁、建设等因素,使得网格边界模糊,网格化管理工作存在着死角。动迁中的网格管理问题较为突出,如高家村边界不太清晰,全村整体在动土拆迁,加上三个网格的边界是由原先村庄的边界划分的,很多边界上的道路被规整、破坏而导致无法看清和辨别网格区域。(由于动迁改造时间不确定,而这些区域又处于管理的真空地带,这个过程往往会延续一定的时间,有些地区至少需要半年以上,这在一定程度上给网络化管理留下了死角。)

在村与村的交界处,有些地区网格之间责任虽然明确,但是实际问题得不到及时处理。以 H 村为例,从责任划分来讲,马路这边的垃圾理应由 K 镇处理,但是由于该网格是以这条马路为分界线,网格与网格之间、村与村之间距离较近,而且处于边界处,所以问题得不到及时解决。T 居委会与 X 村 J 片区的交界地方,网格化分界存在着交错、重叠现象,增加了网格化管理的难度。

也有些网格之间,行政区域交叉,但是责任边界交错,如 C 村和 CF 居委。两地边界责任划分不统一,加大管理难度。南边是 CF 居民,中间一段是我们的居民,北边是 C 村居民,一条路上交叉混合居住,这与地图上的区域划分不精确对应。外地居民都属于 CF 登记管理,档案信息都在 C 村,但是行政划分属于 CF 居委,出了事情责任在于 CF 居委。由于 CF 居委对居民不熟,解决问题会延误。尽管双方会协调解决问题,但是责任主体边界不明,依然会影响到网格化管理的效果。

B 村占地面积大,工业区多,约有 1.3 万外来人口,道路交通不便。此外,该村呈现出工业区里有居民楼,居民区里有工厂的相互交错的局面,给网格化管理带来了难度。

在 XZ 村有工业区,在网格化管理中没有包括其中。因为村里认为工业区土地已经卖掉,不属于村里资产,所以网格化管理没有包括其中。但是镇里面认为工业区应该放进新镇村网格化管理中,这就出现了信息不对称的问题,导致工业区成为网格化管理中的盲区。

2.3.3　管理队伍不稳定,专业化不够

网格长是由村委从村干部中推选出来并经上级同意认定的,而网格员基本上是村里指派上报后产生的,但是网格员属于兼职工作,没有固定岗位也没有工资,完成任务后会有些交通补贴等。由于缺少相关的经费支持以及专项的行政资金投入,很多村居工作站主要是从精神层面给予网格员、巡逻志愿者们以工作激励。但是由于网格化管理尚处于制度形成初期,村居工作站内的网格长与网格员工作之前没有系统培训。网格工作站站长也往往由于工作条块较多,无法做到专门化的管理。网格长都有自己的工作,只是兼职网格长,没有固定工资,只有年终奖,积极性有待提高。网格长一般一天一次巡逻,如果遇到其他工作挤占或时间不凑巧,也可能放弃巡逻,给网格化管理带来了制度漏洞,究其原因不难发现,这主要在于网格长的权利与责任不明确,责任不能落实到个人。

2.3.4　有效激励不足,考核需要完善

网格管理考核不包含在各网格长本身的工作考核中,导致了网格长责任心不强。网格长工作缺乏考核机制,没有建立奖惩机制,没有固定工资,难以调动网格员工作积极性。

调查中有网格长反映绩效考核不合理、薪酬激励机制不健全的问题。现有制度规定,网格长根据各网格内上报问题的数量进行考核,这就意味着上报问题数量越多的网格、网格长,绩效等级越高,获得的经费支持越多;上报数量越少的网格、网格长,绩效等级越低,获得的经费支持就越少。而实际上,一个地方没有上报问题或者很少有上报问题,正是说明这个地方社会稳定、治安环境良好,不一定非要上报好多问题;相反,上报问题越多才可能反映这个地方社会环境较乱。这种考核制度旨在激励网格长上报问题,但是却有可能导致问题不分轻重缓急多报多得,而不是及时处理、重视维护环境。实际上这种激励方式过于简单,没有考虑到不同网格站点的实际情况,不利于提高网格长的工作积极性,甚至会造成会哭的孩子有奶喝,形成网格长为了上报而上报的局面,从而导致了网格化管理的效果大打折扣。

实际调查显示,由于 App 上报有硬性的指标,规定每月上报 20 条,有些

网格管理站因为地方和人比较少,问题比较少,每次发上去都是倒垃圾和黑广告,每天发一条两条过去,如果指标提高,就可能造成乱报,所以,亟须改变这种单一的依靠上报数目考核的办法。

2.3.5 管辖区域脱节,巡视力度薄弱

由于拆迁、征地等因素,使得网格员的居住地和管理区域不一致,造成了巡视工作的成本过大,巡视力度受到影响。如 G 村处于整体动拆迁状态,是一座空城,村庄里只有工厂和三个还未搬迁的居民楼(钉子户)。村庄里的拆迁户居民现都已被安置在镇上的安置房里暂时居住。村庄有安置房650平方米,其他的都是政府用地(正在建设当中),政府用地用于建设商品房、经济适用房、学校等。

Z 村由于 3 年前动迁,现在只有 6 户人家在村里居住,其他村民搬入了S 家园居住,形成网格管理和居委会管理的双向管理。以上两个村,由于拆迁原因,网格长和网格员不在本村居住,距离巡查网格的距离较远,巡查所需要的时间成本很高,从而很难保证有效的巡查活动。

2.3.6 管理体制缺陷,缺乏有效分工

尽管网格化管理工作主要以上报为主,但是上报的问题如果得不到有效解决,势必会影响到网格化管理的效果,有些上报的问题,由于涉及多部门交错管理,容易导致问题在不同部门之间"踢皮球"现象。如 L 路穿过 Z 村,其产生的垃圾或者问题,公路局可以管理,但是道路从村里通过,各方都有责任,结果就是互相推诿。

有的上报的信息很快得到上级回应,但是执法部门的措施相对较少,缺乏有效分工。如:飞车倒垃圾或者晚上倒垃圾,不好监管,管理力度和投入比较大而费用少,工作人员积极性受到影响。

对于一些亟需解决的突发性问题,缺乏有效的财政常态化保障机制,如:调查显示,XZ 村道路问题(损坏)这边路,这个信息也报上去了,还没弄。他们村镇信息办说修理需要排计划,需要申请财政资金,今年的财政资金已经申请好了,就是没有这块路的钱,要等明年有钱了才能修这块路。政府每年初做财政预算,这个信息报的时候预算已经做好了,没有这条路的预算,就没钱修路,就要等明年再把这条路做到预算里去,有了钱之后,才能修。如果要做这个事情的话,没有预算,这个事情谁来买单呢?除此之外,网格长还希望有购置工作工具的经费,目前他们处理村里面的小广告的铲子,巡逻时雨天所用的雨具均是自身自费购买,希望村里能够解决工具。

2.4　上海市社会治理创新中网格化管理目标优化

根据上海市委《关于进一步创新社会治理加强基层建设的意见》,此意见聚焦如何进一步创新社会治理加强基层建设,对社会治理提出了明确的指导意见。为落实 2013 年上海市政府第 4 号令《上海市城市网格化管理办法》,2014 年上海市政府发布了《关于深化拓展城市网格化管理积极探索和推进城市综合管理的若干意见》,上海市委发布了《关于进一步创新社会治理加强基层建设的意见》和《关于进一步拓展网格化管理提升城市综合管理加强基层建设的意见》以及《上海市城市网格综合管理标准(2015 年版)》,目的为进一步整合管理资源,加强联勤联动,推进管理重心下移、力量下沉、权力下放,深化拓展网格化管理,提升城镇综合治理效能。

2.4.1　细化网格划分,明确责任边界

保持网格的完整性和系统性,既是网格化管理的基石,也是网格化管理效果发挥的价值所在。均匀分布网格力量,避免人力、财力的重复,防止漏网情况的发生,保持网格的强度一致,是网格化管理的关键。这就要调整、充实、完善现有网格,以城市网格化管理中的责任网格为基准,形成镇区以小区、街面为单元,农村以村域为单位、以自然村落为单元的镇域网格全覆盖,进一步织密网眼、做实网格;整合治安巡逻防控网、武装应急处置网、群防群治守护网,确保城市管理、社会治安等各类网格相互叠加、减少交叉,赋予网格中信息发现的更多功能、职责。伴随着现在居民区和工业区的动拆迁,主张重新规划工业区和居民区,使格局明确化。在现有的 18 个工作站的基础上,对于网格较大的工作站增加网格的设置,今后再依据工作需要对网格进一步调整。

2.4.2　完善责任主体,强化职能考核

进一步明确职责。工作站站长负领导责任,网格长负直接责任,网格员负辅助责任。网格管理主要集中在与群众基本生活直接相关、可巡查发现的城市管理、市场监督、社会治安等领域,具体包括违法建筑、违法用地、违规种养、非法营运、无序设摊、市容环卫、治安秩序、环境污染、人口管控和群组等方面的部件、事件问题的巡查发现。特别是人口管控,必须综合施策,通过做实居住证管理,采用产业结构调整倒逼、拆除违法建筑挤压、享受公共服务设限等综合手段,避免形成"人口洼地"。要强化对网格管理人员、特

别是网格长的业务培训,不断提高信息发现、处置的能力和水平。要加强对网管人员的考核,在确保基础报酬的基础上,细化责任考核,根据任务完成情况和对社会治理的贡献率来实施激励;同时,要对重大问题未及时发现的,实施处罚,予以责任追究。

2.4.3 规范管理流程,联动分类处置

完善发现、派单、处置、监督、考核各环节工作机制,形成无缝对接。按照依法履责、快速处置的要求,分类制定标准化的处置流程,落实相应责任主体;对一些当场发现并能处置的问题,应立即予以处置;对一些责任主体明确的执法管理问题,由相关职能部门执法人员负责执法处置,联动联勤队伍根据需要予以配合保障;对一些部门职能交叉、需要多部门协同解决的综合管理难点问题,由镇联动指挥分中心派单,联动联勤队伍和相关职能部门执法人员开展联合执法处置;对一些历史遗留、难以处置的管理顽疾,由分中心动态管控,事项转交相关职能部门进行专项调查处理。

2.4.4 坚持以人为本,倡导柔性管理

在网格化管理中,要尽量避免网格化管理僵硬化、机械化的倾向,毕竟网格化管理机构不是机械自动化装置,在运用网格技术和管理手段的同时,更要注重人性化和柔性化的一面。无论是网格员、网格长,还是网格站长乃至网格管理的条线部门,面对管理对象和出现的问题,要把柔性管理的理念放在首位,在管理和处置中,坚持以人为本的理念。尽管网格化管理是一个矩阵结构的组织架构,其网格长和网格员不属于政府一级部门,但是由于管理对象面对的是社区居民或者外来人口,只要涉及基层事件处置,网格员或者网格长的处置角色上就有了政府的标签。如果处置得好,将增强群众对党和政府的信任;如果处置得不好,也往往容易激化矛盾,直接影响到党和政府在基层社区群众中的声誉和形象。习近平总书记在十九大中,多次反复强调以人民为中心的施政理念,也需要通过基层网格和基层管理者进行落实。

2.5 完善上海市网格化管理的政策措施

2.5.1 进一步明确责任体系,加强组织领导

1) 加强网格化管理的领导

网格化管理组织机构是网格化管理的神经系统和脉络系统,要做到有

效管理,必须优化组织管理结构,让这个系统变得更加高效和合理。尽管网格化管理的成员来自各个条线,也并不是属于任何一个条线部门,但是来自条线部门的工作人员,加入网格化管理中,使网格化管理系统更加高效,有利于各个条线更好地收集信息,更好地做好相关责任范围内的管理工作。由于涉及不同部门之间的协调和整合,所以,网格化自身的管理组织也需要加强。成立镇城市综合管理推进领导小组,负责对城市综合管理工作进行组织领导、综合协调、监督考核。领导小组由行政主要领导人任组长,政法书记、行政分管领导任副组长,相关职能部门和区职能部门派出机构主要领导任组员。下设办公室,与街镇城市网格化综合管理中心合署办公。办公室主任由中心主任兼任,城管中队、派出所、市场监管所、综治办等负责人兼任副主任。

2)必须科学设置管理网格

科学合理的网格设置,可以减少网格化管理的漏洞,最大地发挥网格化管理的效果。明确各个网格之间的责任边界,防止责任不清,管理职责不明。以目前某镇划定的 50 个网格长为基准,以有利于精细化管理、有利于治理资源整合、有利于管理责任落实为原则,科学设置管理网格,在今后工作中依据工作需要对网格进一步作调整。将治安巡逻防控网、应急处置网、群防群治守护网与城市综合管理网格充分结合。城市住宅小区和农村地区,原则上以居委和行政村为单位设置管理网格,在拆迁过程中的村居转换间,安排好责任衔接。结合"镇管社区"工作方案,科学设置基本管理单元,在管理单元和管理网格内部署城市网格化综合管理信息系统和管理终端,在系统内增加"村居自治"和"治安维稳"两大功能模块。

3)加强镇级网络化管理中心的责任

街镇城市网格化综合管理中心,负责本街镇城市网格化综合管理的指挥、调度和运行,指导所辖村居工作站工作;承担辖区内各城市综合管理问题的巡查发现、派单调度、督办核查,指挥协调相关执法管理队伍开展联合执法处置工作;负责区平台转派案件和"12345"等相关服务热线工单的派单处置;承担"大联勤""大联动"相关协调事务工作;负责信息系统的运行维护和相关数据的统计、分析、评价工作;协助做好生产、消防、交通等安全检查工作,承担本级政府和区相关部门交办的其他事项。中心为正科级事业单位,配事业编制若干名。以城市网格化管理为基础,分别明确网格长、片区长、管理员三级责任主体的责任边界。工作站站长主要负领导责任,网格长对于网格内的安全承担直接责任,网格员的工作负辅助责任。

2.5.2 进一步完善管理标准,加强机制建设

1) 拓展管理内容

网格单元既是基层社区管理的基础,也是基层社区治理的抓手。既然在网格化管理中,体现了群防群治,引入了社区参与,那么,就不能简单地浅尝辄止,需要进一步深化这种社区参与的内容,真正建立起以社区居民为核心的网格系统。所以,随着网格化管理向网格化治理的理念转变,需要扩展网格化管理的内容。一方面,要继续在公用设施、道路交通、市容环卫、园林绿化、地下空间等城市管理领域内增加管理内容;另一方面,也要逐步拓展到人口管理、社会治理、食品药品监督、安全生产监督、公共卫生、工商行政、文化教育等其他领域,实现综合性城市管理全行业覆盖。只要来源于社区的各种问题都可以借用网格化管理的信息技术手段和能力进行上报,居民自身也可以形成以这种信息化为基础的规范化的上报意识和习惯,帮助社区更好地组织、宣传、实施,完成居民自治活动。

2) 实施差别化管理

考虑到网格化管理的内容扩展后,会形成更加大量的信息量和数据库,那么,有必要对网格化数据进行甄别,实施差别化管理。按照统一的部、事件大小归类规则和管理要点,在完善现有的管理标准的同时,对本区新增的管理内容,制定本区城市网格化综合管理标准。如:对于井盖缺失、架空线坠落等存在较大安全隐患的部件类问题,以及集聚性无序设摊等严重影响市民生活的事件类问题,重点发现和处置。对于景观道路、广场、城郊结合部以及人员集聚等地区的问题,重点发现和处置。对于农村地区,在发现频率和处置时限上,适当放宽标准。除此之外,还应当对每一个信息按照不同的信息级别和类型,按照不同的部门处置权限进行有效编码,不同的部门则按照这一编码,进行信息提取,按照不同信息级别分别设置不同的处置时间标准、部门标准,并纳入各级部门的综合考评中。

3) 建立分级分层派单机制

在网格员或者网格长提交信息后,尽管网格内大量信息在进行了简单筛选和排查后,可以由前端直接处置并上报留档,但是也有至少 10% 的信息,由于涉及不同条线部门,网格员和网格长不具有处置权限,需要由上级机构派单处置。由哪级机构派单?由哪级机构负责?就成了网格化信息处置中不可回避的问题。考虑到街镇政府具有的管理权限和管理能力,为了提高网格处置的效率,可以在已有的派单机制基础上,强化街镇派单权。街镇城市网络化综合管理中心有权将有关问题直接派遣至相关职能部门派出

机构进行处置,派出机构视情况向其上级部门报告或申请执法力量支撑。街镇可根据已确定的部件和事件内容,按照"职责就近、管辖有利"原则,采取法定、商定和指定等方式,协调指挥相关职能部门派出机构,参与多部门协同的执法管理工作。

2.5.3　进一步完善指标体系,建立分类考核制度

要完善网格化管理制度中相关人员的绩效和责任考核机制,改进考核方法,研究制定更加科学、合理的绩效考核制度,提高基层网格管理人员的工资待遇以提高其工作积极性。

1) 建立考核指标体系

由于考核涉及不同的部门,不同的层级,所以也需要依据不同网格节点、归口部门、网格成员、工作任务等,分门别类地设计考核指标体系。如:对于网格管理中心考核,可以依据受理案件量、结案率、结案及时率等网格案件设计考核指标;对于"12345"热线工单,可以按照受理工单量、1 个工作日先行联系率、实际解决率、按时办结率、市民满意率等设计考核指标;对于网格长和网格员的考核,可以立足于网格环境维持率、环境改善率、问题发现率、问题解决率、上报及时率、巡视完成率等设计考核指标;对于值守应急管理内容,可以按照日常值班、信息报送、体系文件、应急演练等方面设计考核指标;对于综合实施监督方面,可以按照日常督办情况、专项督查情况、效能监督情况、媒体曝光情况等设计考核指标。

2) 建立分类考核制度

对网格化管理工作的责任部门,根据职责不同建立分类考核制度,制定相应考核实施细则。上述内容中有相应职能的,纳入考核指标体系,建立三类责任考核制度。网格管理工作站站长,主要由村委会主任、居委会主任担任,由于兼职管理辖区范围内的一切事务,而网格化管理工作又是其他工作的保证。所以,工作站站长对于所辖区域内的网格安全负领导责任,对工作站站长的工作进行年终考核给予一定的物质、精神激励;网格长主要负责本网格内的各项事务,对所辖网格的安全负主要职责和直接责任,对于网格长除了必要的薪酬激励外,还需要给予其培训和晋升的机会;网格员主要由志愿者担任,在网格长授权范围内协助网格长做一些辅助性的工作,兼职网格员的激励措施中比较好的做法有:对于这些老年志愿者,社区会对其进行精神奖励和物质奖励,以精神奖励为主,平时会在小区的信息栏中进行展示,并进行推优评选。

除此之外,在一些复杂区域的网格内,可以考虑设置专门的网格员,防

止出现网格化管理的真空地带,减少吸纳志愿者、社区义工等成员,增加兼职网格员的数目,保证网格化巡查、问题的上报和处理,夯实网格基础。

2.5.4　加强网格化管理队伍培训

一是系统化的业务内容培训。大联动办公室牵头镇城市综合管理和应急联动相关培训组织工作,各职能部门、相关单位要根据上级职能部门、区有关单位的要求,认真组织开展内部相关业务部门、派出单位工作人员的业务培训,认真组织开展对大联动工作站领导、街面及小区巡管人员和其他参与单位相关人员等的经常性业务培训,明确工作职责、任务和工作方法,提高一线人员的发现、处置、协调等工作水平。

二是条块化的管理衔接培训。建立"三支队伍",即网格中心信息员、网格监督员和综合执法队伍,其中综合执法队伍的建立就是为了"重心下沉"。这支队伍将整合城管、公安、工商、卫生、安全生产监督等区级执法部门下沉的执法力量,按比例、有侧重地调配到管理网格,以加强条块工作联动,承担网格内各类问题的及时发现、联合执法和综合整治。对网格长、网格员等要定期开展培训,提高业务素质,同时积极探索建立网格管理人员选拔机制,吸引高素质人才进入网格管理队伍。

三是柔性化的管理理念培训。由于网格化管理的对象是人,无论是哪个级别的网格节点,都要通过人进行管理或者接受管理。上一级的部门对于下一级部门而言,既代表党和政府的形象,也关乎执政理念能否落实。增强基层群众的体验感和获得感受是网格化柔性管理培训的目标,这就要打破传统的自上而下的官僚体制,改变群众对于冷冰冰的管理机器的认识,营造社会和谐的局面,只有将这种理念嵌入到基层、中层,乃至每一个网格节点的实践中,以人民为中心的执政理念才能真正得到贯彻和落实。

2.5.5　坚持全员参与社会治理

一是全民参与的管理理念。只要是网格,即使没有漏洞,也会有空隙,任何网格都无法做到一丝不漏。完善网格自身的建设固然重要,但是如果不能有效地发挥群众的力量,那么,这个网格也将难以发挥好的效果,城市管理的目标也就无法实现。在未来的三十年,上海提出了美好城市的愿望,这个美好的城市不仅是组织者设计的一个完美的画作,更是每一个市民的美好感受。所以,应该坚持美好城市发展方向的目标导向,发挥每一个城市细胞的活力,维护好城市公共基础设施的硬环境和精神文化价值的软环境。城市治理的精细化方向是效率的体现,但也要为自发性、社会性留下空间。

这就要求全员参与网格化管理,发挥管理网格的黏性,成为每个市民信赖的组织和依靠的家园,永葆城市发展的活力。

二是党员引领的价值方向。要充分发挥基层党员、基层党组织在社区社会治理中的作用和功能。建立党组织基础推进,党员示范引领的全员参与机制。基层社区不仅是党员价值发挥的基础,也是党员和群众联系的枢纽,党员不仅需要在单位和工作岗位上建功立业,在可能的情况下,更应该关心身边群众,关注社区建设。上海市现有的党员管理制度中,有在职党员进社区这一内容。这就可以真正将党员进社区的工作落到实处,保持政府、社会、市民互动机制,夯实党在城市的执政基础。

三是提高宣传力度,增加参与程度。提高政府的办事效率(很多事情重复统计,重复做,但是还是没有人来管):在培训网格管理员的同时,需要扩大对于网格内居民安全意识的宣传力度,增加百姓参与度。网格化管理关键是人的管理,不是某一级政府的问题,而应该全民参与,是全民大联动。现在村民的意识不强,需要通过做工作,他们主要是通过村民小组的形式,组织政策宣传、开会、座谈的方式,提高村民的守土意识。

总之,在网格化管理的过程中,既要强调组织领导,强化对现有网格的基础建设和系统化设计,充分利用信息化的手段和平台,维护基层社区的社会安全。同时,也不应拘泥于死板的制度和机械化的管理系统,应该在坚持网格化管理专业化、精细化的同时,立足于人民群众的根本需求,激发党员、群众、社区各类机构组织社会参与的活力,真正为基层社区编织一张安全、和谐、有序、高效的管理网络。

第 3 章

女职工特殊保护权益的发展研究

3.1　引言

2016 年《中共中央关于制定国民经济和社会发展第十三个五年规划的建议》明确,实施一对夫妇可生育两个孩子政策即"全面二孩"政策。"全面二孩"政策,是指所有夫妇,无论城乡、区域、民族,都可以生育两个孩子的政策。女职工劳动保护是妇女人权保障的重要组成部分,全面实施二孩政策对于女职工劳动权利和个人就业有着重要的影响,在此政策背景下如何更有效地保护女职工基本权益,是一个不容回避的现实问题。

从政策发展现状来看,女职工权益保护是当前社会管理与社会治理的热点议题。1995 年第四次世界妇女大会通过的《北京宣言》和《行动纲领》重申了对女职工保护的规定。为了更好地减少和解决女职工在劳动中因生理特点造成的特殊困难,保护女职工健康,国务院 2012 年 4 月 28 日公布了新修改的《女职工劳动保护特别规定》,上海市 2013 年 1 月 19 日下达了《关于贯彻实〈女职工劳动保护特别规定〉调整本市女职工生育保险待遇有关规定的通知》,通知中对本市女职工产假期限、产假期间的待遇做了适当的调整,为"特别规定"在上海市的实施扫清了制度上的障碍。2016 年 2 月 23 日《上海人口与计划生育条例修正案》由上海人大审议通过,希望通过制度的完善,提倡"全面二孩",缓解上海人口结构,改善生育状况,对减轻养老的压力起到积极作用。为了推进中国社会性别主流化,《中国妇女发展纲要(2011—2020 年》在其总目标中特别强调"将社会性别意识纳入法律体系和公共政策,促进妇女全面发展,促进两性和谐发展,促进妇女与经济社会同步发展。"这一系列政策的推行给女职工的特殊保护奠定了坚实的基础。因此,将性别意识纳入"全面二孩"政策的框架中,保护女职工特殊权益,进一步促进女职工特殊保护权益的发展,具有重大的理论价值和现实意义。

当前学术界围绕女职工特殊保护权益,主要从女职工特殊权益保护对劳动力市场的影响、女职工特殊权益保护的配套政策设计、女职工特殊保护权益中各类型主体的责任划分、女职工特殊保护权益中工会等群团组织作用等方面展开了研究。

3.1.1 女职工特殊保护权益对劳动力市场的影响

劳动力市场是由男性劳动者和女性劳动者组成,给其中一类主体施加政策影响,势必会影响到另一个主体,从而引发新的性别不平等。对于"特别规定"制度内容的理解应当划入社会性别视角,放开二孩的政策无疑让女职工处境更加艰难,就业性别歧视将被进一步放大①。使得女职工在劳动力市场上面临更加困难的处境。研究显示,尽管女职工的特别保护政策体现了政府对女职工的关怀和爱护,但是在进入市场经济后,劳动力市场供大于求的矛盾、性别歧视已经迫使女性群体逐渐被边缘化,减少了女性的就业机会,剥夺了部分女性就业的权利,加剧了职业性别隔离②。对于劳动力市场性别平等,有学者指出,早在 20 世纪 80 年代早期,人们就意识到,消除法律障碍已经不足以实现对女性的实质性平等。在就业和劳动领域,要想实现真正意义上性别平等,需要男女更平等地分担家庭责任。

3.1.2 女职工特殊保护权益政策的配套政策设计

无论是人口政策还是女职工的保护政策,都需要从配套政策实施的角度给予考察。有专家强调了"特别规定"的重要性,并指出"特别规定"只是一个中继和新的开端,需要对重点难点问题开展调研,完善"特别规定"的实施细则和相关配套文件③。针对劳务派遣女工遇到的"三期"被退回的问题,有专家提出要从立法、司法等方面进行弥补和完善的建议④。在探讨丹麦、德国、法国等发达国家经验后,专家建议在进入内生性、文化性、意愿性低生育陷阱之后,提振超低生育率必须走家庭去负担化、国家高福利化之路⑤。要真正发挥政策的效能,还需要调配好公共资源,让年轻人生娃的同时,能

---

① 党日红.《女职工劳动保护特别规定》实施问题研究[J].妇女研究论丛,2013(02):51-56.
② 刘明辉.对退休年龄改革方案的性别检视[J].妇女研究论丛,2011(05):19-26.
③ 钱晓斐.保护女职工权益 构建和谐劳动关系的重要保障[J].妇女研究论丛,2012(04):26-27.
④ 李立新.劳务派遣女工的劳动权益保障盲点和法律完善[J].妇女研究论丛,2013(03):41-48.
⑤ 穆光宗.论我国人口生育政策的改革[J].华中师范大学学报(人文社会科学版),2014,53(01):31-39.

够不影响家庭生活质量,不影响职业生涯发展。对于女性就业的压力,政府要在妇女权益保障法的基础上防止妇女因生育而造成职业晋升受阻或者工作的其他方面受损[①]。

我国全面二孩政策是在中国人口低生育率、人口红利消退的背景下产生的。政策尽管还没有完全规避家庭、政府、社会对生育责任的分担,但是一味地强调企业负担,势必可能对企业竞争力产生深远影响,形成劣币驱逐良币的效应,不利于提升劳动力市场的效率。

3.1.3　女职工特殊保护权益中各类主体责任划分研究

与权益保护对应的就是责任分担问题,对于女性职工的特殊保护需要由其他社会主体承担起这样的责任。新修订的《女职工劳动保护特别规定》的亮点之一就是用人单位作为责任主体其法律义务得到强化,法律责任更加明确、细化[②]。全面二孩政策实施后对于企业因女性职工的生育可能会影响营业收入和利润,政府应介入并建立相关机制分担这部分成本,如进一步完善生育保险制度、扩大覆盖范围和延长享受时间[③]。全面二孩政策在承认企业责任的基础上,性别平等立法应该规定男性可以请陪产假,男女都可以休育儿假,制度的设计应该鼓励男女两性分摊养育子女的责任[④]。在国际上对于女职工的特殊保护,往往从制度设计的源头上,体现出男女平等的理念,进而保护女职工在劳动力市场上平等参与竞争的机会。如瑞典规定,如果男性不休育儿假,其假期不可以转给配偶,甚至考虑给休满育儿假的男性给予额外的津贴奖励,以鼓励男性承担养育子女的责任。台湾地区《育婴津贴办法》中规定男性女性可各自领取最长六个月的津贴,从而鼓励男性分摊育儿责任,减少女性职业歧视,缓解女性工作家庭双重负担的困境。

3.1.4　女职工特殊保护权益中工会等群团组织的作用发挥

2015年中共中央政治局会议审议通过《关于加强和改进党的群团工作的意见》,2015年7月6日至7日,党中央在京组织召开党的群团工作。这在党的历史上是第一次,充分体现了以习近平同志为总书记的党中央对党的群团工作和群团组织的高度重视。习近平同志指出,要把握"群众性是群

① 彭希哲,李赟,宋靓珺,田烁.上海市"单独两孩"生育政策实施的初步评估及展望[J].中国人口科学,2015(04):2-13+126.
② 林燕玲.《女职工劳动保护特别规定》的六大亮点[J].妇女研究论丛,2012(04):24-25.
③ 彭希哲,胡湛.当代中国家庭变迁与家庭政策重构[J].中国社会科学,2015(12):113-132+207.
④ 邱玉梅,田蒙蒙."陪产假"制度研究[J].时代法学,2014,12(03):63-72.

团组织的根本特点"。落脚到群团工作上,就要坚持为党分忧、为民谋利,多做组织群众、宣传群众、教育群众、引导群众的工作。女职工权利保护是工会组织的重要工作内容①。全面二孩政策在中国现行的法律框架保障体系下,无疑会让女同胞处境更艰难,就业歧视将被进一步放大②。就职业禁忌制度而言,"赋权性规定"取代"一厢情愿的保护"是职业禁忌制度的立法趋势。而"特别规定"体现了这一特点,工会工作可以基于女性权利的视角考察。

以上研究始终围绕女性职工特殊权益展开,从劳动力市场到责任划分、配套政策完善、群团组织的作用等方面,对于推动女性职工特殊权益的保护问题起到了积极作用,与此同时,也应该看到女性特殊权益保护是一个系统工程,不仅与劳动力市场政策息息相关,而且涉及生育责任在家庭、社会、用人单位、政府之间的划分,公共政策公共服务体系等方面。

本研究回避了传统女性职工特殊保护权益的研究,如女职工经期、孕期、产期、哺乳期特殊保护的落实问题、男女同工同酬、平等受教育的问题、女职工特殊保护专项集体合同问题、女职工职业危害隐患对孕妇、幼儿的伤害问题、妇女病普查执行问题等方面。需要特别指出并非传统的研究已经缺乏了研究价值,而是认为在传统的女职工特殊保护权益的基础上,面对全面二孩政策,相比其他权利而言,女性的就业权问题显得尤为突出。

同时,营造女职工平等就业的环境,也有助于更好地保护女性职工的特殊权益。由于劳动力市场中供求双方不同的利益冲突,在追求绩效和实现企业价值最大化的背景下,如果对于女性劳动力的使用成本高于男性劳动力,政策所带来的成本负担将迫使企业在劳动力市场搜寻阶段更多地选择男性,就会使得女职工的就业变得更加艰难。即使已经就业的女职工,为了能够保住工作的位置,也往往不得不付出比男性职工更多的努力,最终仍然是伤害了女职工的权益。

为了更好地理解女职工特殊保护权益,结合全面二孩政策实施的背景,围绕女性权利发展的内在要求,本课题把就业权作为女职工特殊保护权益发展的研究对象。从两性平等的视角出发,旨在通过维护两性公平就业的制度环境,实现对女性特殊权益保护的目的。一方面从国际立法的趋势来看,职业禁忌制度的发展也开始逐步由"一厢情愿的保护"走向了对于女型的"赋权性规定";另一方面,二孩政策的实施是两性家庭生育权利分工的结果,这也需要把女职工特殊权益保护放在家庭、社会的责任分担中,进行综

---

① 马爱萍.女职工权益保障情况的调查与建议[J].中国劳动关系学院学报,2013,27(05):45-48.
② 应铎.全面"二孩":如何让女性就业"软着陆"[J].中国就业,2015(12):10-11.

合考虑。

3.2 上海市"全面二孩"政策下女职工特殊保护权益的现状

3.2.1 全面二孩的政策与女职工特殊保护权益的文本解读

2016 年 2 月 23 日上海市通过了《上海人口与计划生育条例修正案》(简称《上海修正案》),该项政策是在全国推行全面二孩人口政策基础的细化,体现了国家人口政策的总体要求,同时,对于缓解上海老龄化所带来的挑战与压力起到了积极作用。从女职工特殊权益保护的政策来看,当前全面二孩政策出台后,上海市女职工生育权利得到保证和实现的程度有所提高,具体表现在与女职工相关的生育选择权利、生育假期、生育责任的分担等方面,政策状况如下:

1) 全面二孩政策保障了女职工的生育选择权益

《上海修正案》对夫妻生育权利规定的第二十三条进行了修改,指出提倡一对夫妻生育两个子女。符合下列条件之一的夫妻,可以要求安排再生育子女:一方婚前未生育过子女,一方婚前已生育过一个子女,且双方婚后共同生育一个子女的;双方婚前合计生育两个及以上子女,且没有共同生育子女的;双方婚前均未生育过子女,婚后共同生育了两个子女,其中一个子女经区、县或者市病残儿医学鉴定机构鉴定为非遗传性残疾,不能成长为正常劳动力的。这一修正案的提出,一方面落实了国家关于全面二孩工作的实施细则,从总体上保障了女性自由选择生育的权利;另一方面从性别视角来看,也给了女性赋予了更多的家庭责任,对于用人单位而言,所雇佣的女性具备了选择怀孕、生育、哺乳等权利的同时,给企业造成了一定的业务影响,同时,可能让用人单位具备了更多雇佣男性职工的理由。

2) 延长生育假期彰显了女职工特殊保护权益

《上海修正案》把原第三十三条改为第三十一条,明确提出符合法律规定生育的夫妻,女方除享受国家规定的产假外,还可以再享受生育假三十天。女性生育假期的提升有着两个方面的影响:从保障妇女权益的角度看,女性更多地拥有休息权利,能够较好地让女性休息,保证了女性生育后的恢复和调整,保障女性的合法权益;从削弱女性权利的角度看,休假的权利使得女性有了更多离开劳动岗位的理由,对于用人单位而言,却会因女性暂时退出劳动岗位,而承担起更多的人力成本。用人单位不仅要为生育女性提供工资保障和发放,而且对于生育、哺乳女性等工作中断,带来了岗位目标难以实现的压力,不得不去劳动力市场重新招聘新的人员、分担给其他职工一定工作量,造成其他员工的加班现象,无疑大大增加了企业的劳动力成本。

3) 配偶陪护假分担了女职工生育的家庭责任

在《上海修正案》第四条第二款规定,依法生育的夫妻,男方可享受的配偶产假为十天,这是现有法律基础上的突破。专家认为,配偶陪护产假的设立,有利于倡导男性参与男女平等的理念,也有利于生育妇女和新生儿得到更好的照护。长期以来男性陪护和育儿假期的缺失,使得社会和家庭忽视了男性在家庭子女陪护和子女照料上的责任。从理论上说,生儿育女是家庭应尽的责任与义务,无论男性还是女性都要在生儿育女方面付出自身的努力。但实际上,由于女性才拥有生育功能,所以传统上是让女性享受这样的假期,以此帮助女性产后的恢复,实现女性应有的休假权利。也就意味着,由于缺少休假权利,男性只需要专注于工作,不必或者只需为家庭生育付出少量的家务劳动,这在一定程度上加重了女性家务劳动负担。所以,男性陪护假的制订是男性生儿育女责任的体现,有利于生育家庭责任的分担,甚至在劳动力市场平等就业中,也有着重要的现实意义。

3.2.2　全面二孩背景下女性劳动保护的现实状况

1) 调研的基本情况

全面二孩政策实施后,为了了解上海市女职工群体受到政策效应的影响情况,课题组着重调查了二孩政策对女性就业、女性劳动参与以及职业权利的影响,女性劳动力市场地位、生育责任的划分等方面,进而更好地研究在政策实施后对女职工特殊保护权益的发展问题。课题组共计采集了上海市松江、徐汇、黄浦、浦东、普陀、长宁等 10 个区的数据,调查对象选取 15～49 岁的育龄女性;调研地点为育龄女性、已孕、已育女性比较集中的妇幼医院、综合医院的儿科、早教中心、儿童乐园、购物中心、社区活动中心等,承担问卷访谈任务的是公共管理专业大学三年级学生,一共有 28 名同学参加了调研,其中 18 名学生每人完成 40 份问卷,每天完成 4 份问卷,用 10 天做完问卷;另外 10 名学生每人发放问卷 20 份,每人每天完成 4 份问卷,用 5 天时间发完;并且在问卷发放之前,集中两天时间对发放问卷的同学进行了问卷调查的技巧培训、课题项目目标培训,每位同学发放 2 份问卷做试调研,并根据调研的问题修改打印问卷;一共发放问卷 920 份,实际回收问卷 917 份,回收率 99.7%,问卷整体质量优良。为了能够分解出生育二孩政策对女性职工的保护状况,专门把女性的生育状况、学历、户籍、收入状况等作为控制变量。

2) 描述性统计分析

(1) 受访者年龄结构较为合理。经过专家咨询和课题组成员讨论,决定把育龄女性的利益诉求作为本课题研究目标,把受访对象控制在 15~49 岁之间的育龄女性。

受访者年龄结构如图 3.1 所示。由图可见,18~25 岁之间的女性占 12.8%,26~30 岁之间的女性占 37.7%,31~35 岁之间的女性占 28.8%,36~40 岁之间的女性占 15%,只有 5.7% 的女性为 41~48 岁。80% 以上的受访对象属于符合或者具有二孩生育能力的女性,也是生育二孩的主要群体,同时,这一年龄段的女性属于劳动年龄范围内的人口,直接受到全面二孩政策的影响,涉及女职工劳动保护权益的研究对象合理。

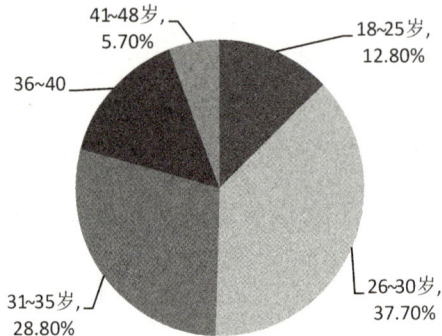

图 3.1　受访者的年龄分布图

(2) 受访者职业状况符合市场分布特征。受访者的职业状况是女性做出生育决策的重要因素,不同职业和工种的工作压力、职业氛围等都会影响到育龄女性的生育决策,不同性质的单位对于女职工的特殊权益保护的状况也不同,这就有必要分职业考察女职工特殊权益的保护状况,如图 3.2 所示。

从受访女性的职业分布来看,私营企业的女性职工较多,为 228 名;其次是国有企业、事业单位、外资企业的女性,分别为 123 名、159 名、148 名;而国家机关工作人员、创业、灵活就业、家务劳动的人群分别为 40 名、35 名、51 名、46 名,基本相当。这样的分布结构,基本符合上海市人口职业分布总体状况,受访样本的职业分布状况较好。

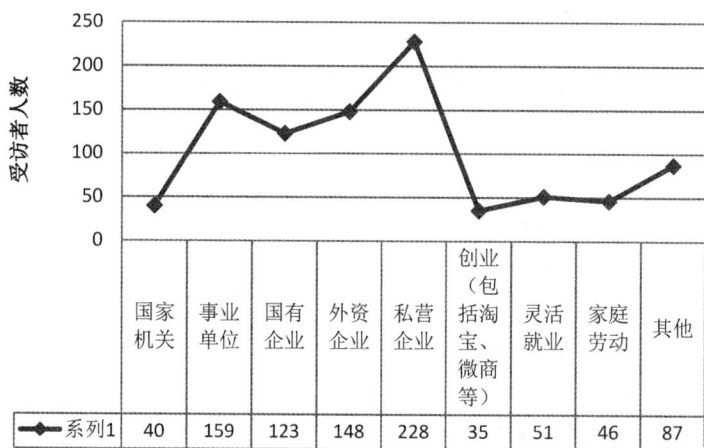

图 3.2　受访者的职业分布图

	国家机关	事业单位	国有企业	外资企业	私营企业	创业（包括淘宝、微商等）	灵活就业	家庭劳动	其他
◆ 系列1	40	159	123	148	228	35	51	46	87

（3）受访者的生育结构清晰。受访者是否生育对其在工作中可能涉及的特别权益保护感受不同，由此可知，考察受访者生育状况，对于了解特别权益的认知状况，以及用人单位的雇佣关系有着重要影响，如图 3.3 所示。

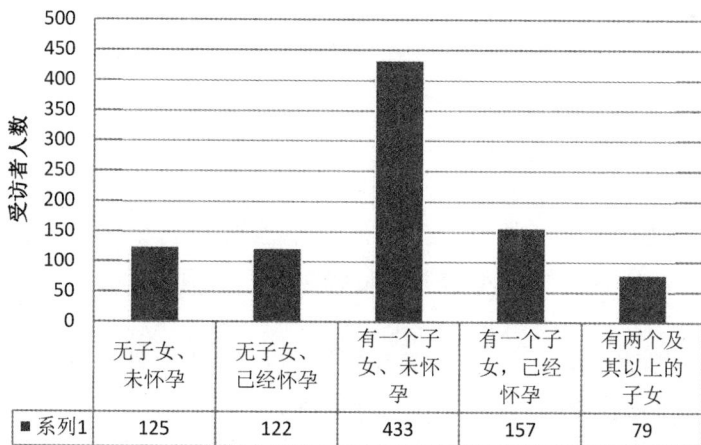

	无子女、未怀孕	无子女、已经怀孕	有一个子女、未怀孕	有一个子女，已经怀孕	有两个及其以上的子女
■ 系列1	125	122	433	157	79

图 3.3　受访者生育状况分布图

从受访者生育分布情况可以看出，接近 47.2%（433 名）的受访女性"有一个子女未怀孕"，而"有一个子女已经怀孕"的受访女性占比为 17.1%（157 名），已经怀孕或者已经至少生育一个子女的女性占 77.6%。由此可知，受访对象大多数为已婚、已育、即将生育的女性,对于二孩政策的敏感性较大。

（4）受访者教育程度水平符合人口特征。教育水平是影响女职工特殊权益保护的重要因素,一方面,教育水平的不同影响到工作单位的性质,不同性质单位对女性劳动力保护存在差异;另一方面,教育水平的不同也会影响到女性自身对于特殊权益的保护和重视程度,是否具备与用人单位谈判的愿望和足够的人力资本。

从图 3.4 可以看出,初中及其以下的女性占 43 名,高中、高职、中专的女性为 156 名,大专或者本科 594 名,研究生 123 名,被调查女性的学历分布符合上海市女性就业的学历特征,说明至少 70% 以上的女性具有大学专科或者本科以上的学历。所以,调查对象并不仅仅是在工厂从事一般劳动密集型工种的女劳动者,而且还有具有一定专业技能的知识女性。被访者综合反映了上海女职工的整体教育状况。

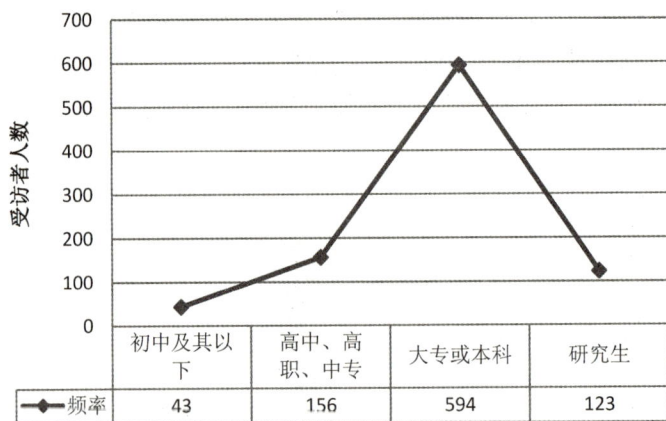

	初中及其以下	高中、高职、中专	大专或本科	研究生
频率	43	156	594	123

纵轴：受访者人数

图 3.4　被访者的受教育水平分布图

（5）被访者的居住情况。户籍和居住状况是职业女性的一个重要特征,一般而言,外地户籍的女职工对于工作有着更加强烈的愿望,希望能够持续工作,哪怕牺牲劳动合同所规定的特殊权益也在所不惜;而本地户籍的知识女性工作压力则相对较小,工作权益维护的意识相对较强,所以,居住状况特征对女职工特殊权益的主张能力相当重要,如图 3.5 所示。

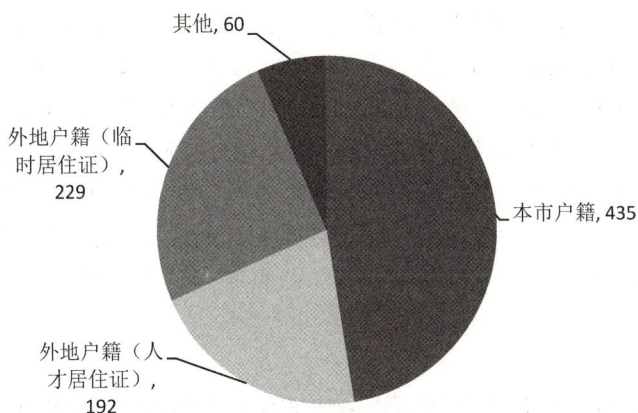

图 3.5　被访者户籍状况分布图

　　从被访女性的户籍分布来看,主要包括 435 名具有本地户籍的女性,占被调查者的 50％,而这一部分受访者中也有相当多的女性是通过学历因素获得了本市户籍;而外地户籍拥有人才居住证的女性为 192 名,拥有临时居住证的女性为 229 名,其他女性为 60 名,如图 3.6 所示。

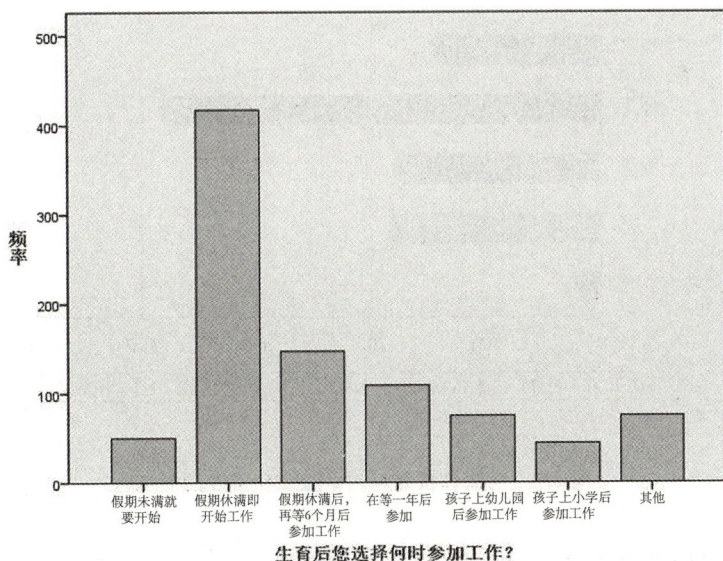

图 3.6　女性生育后的工作时间选择图

　　从女性的选择来看,有 5.5％的女性选择假期未满就回到工作岗位,

45.5%的女性选择假期休满即开始工作,合计51%。由此可以说明,至少有一半的受访女性把工作置于比较重要的地位,遵从《女职工劳动保护特别规定》的最低底线。但是研究也显示,从女性劳动保护权益的发展来看,至少还有将近50%的女性有因为生育而中断工作的意愿,休假意愿再延长六个月和一年以上的女性占据了27.9%,等待小孩上幼儿园或者上小学后参加工作的占据了13%。由此可以说明,随着经济发展水平的提高,越来越多的女性从子女教育、家务劳动需要出发,更倾向于延长产假,减少劳动参与时间。

3.3 上海市女职工特殊保护权益中存在的问题及原因分析

3.3.1 全面二孩政策增加了女职工就业保护的难度

1) 全面二孩政策使得女性职业搜寻变得更加困难

在劳动力市场的搜寻活动中,用人单位对于女性生育的预测也因为政策因素展露无遗,如图3.7所示。

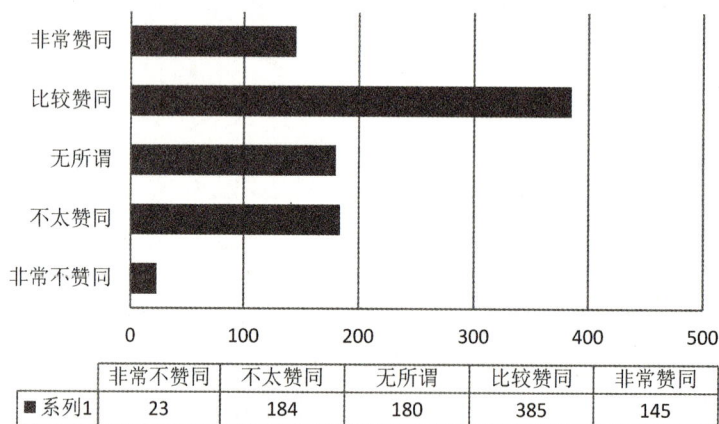

	非常不赞同	不太赞同	无所谓	比较赞同	非常赞同
■系列1	23	184	180	385	145

图3.7 全面二孩政策对女性工作搜寻的影响

在了解被调查对象对全面二孩政策的反应中,145名(15.8%)受访女性非常赞同工作搜寻难度增加的观点,385名(42%)受访女性比较赞同,有184名(20.1%)受访女性表示不太赞同,23名(2.5%)受访对象表示非常不赞同这一观点。由此可知,有超过58%的女性表示了对工作搜寻难度的担忧。

女性对于工作搜寻难度的担忧出于对用人单位理性选择假设判断的结果，同时也是基于生育经验的判断，这一变化值得政策制定者思考。如果将生育两孩所带来的负面效应完全由市场来承受，势必会增加劳动力市场的歧视，让女性在劳动就业中处于不利地位，而为了让用人单位消除这种歧视，必须让女性与男性能够带给用人单位相当的人力成本，这就给政府的政策嵌入带来了一定可能。从责任划分上说，生育下一代不能仅仅是家庭的责任，也不应该完全由用人单位承担。在理性选择的假设下，用人单位承担过多的生育责任，不利于用人单位市场化竞争，更会让用人单位做出减少雇佣女性的决策，从而损害了女性群体的利益。

2）"全面二孩"政策降低了女职工的职业地位

全面二孩政策作为一项社会性的制度安排，必然会改变劳动力市场环境，进而对劳动力供需双方的决策产生影响。一般而言，全面二孩政策会减少女性劳动的参与，增加企业的劳动力成本，作为用人单位而言，雇佣更多的女性意味着需要承担更多的生育责任。在实地调研中，不少企业负责人和人力资源部门主管表达了这种想法，另一方面，可以从女性劳动者直接的工作搜寻和劳动过程中的种种不便观察得出。在实地调研中，不少人力资源主管在回答全面二孩政策是否会影响到其雇佣女性劳动者的决策中，大多表达了倾向于招收男性的愿望。而受访女性对这一问题的回答如图 3.8 所示。

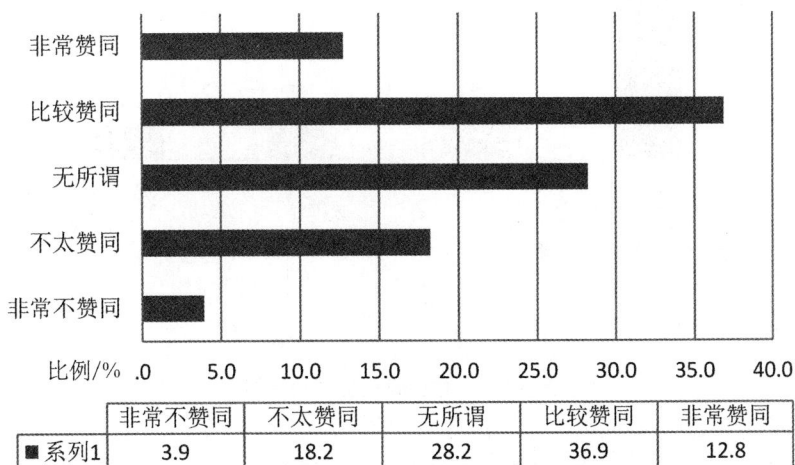

	非常不赞同	不太赞同	无所谓	比较赞同	非常赞同
■ 系列1	3.9	18.2	28.2	36.9	12.8

图 3.8　全面二孩政策对职业困扰的影响

从图 3.8 中可知,约有 12.8%的受访女性非常赞同"全面二孩政策"带来了职业困扰的观点,同时还有 36.9%的受访女性比较赞同这一观点,两者合计 49.7%。比较可知,只有 22.1%的受访女性表示非常不赞同或者不太赞同这一观点,还有 28.2%对这一政策表示无所谓。由此可以看出,受访女性已经亲身感受到或者通过对于政策的间接观察得出了全面二孩政策给其带来的就业压力。也就是说,全面二孩政策规定的生育责任存在着向用人单位,进而向女性群体转移的趋势,如果不改变在全面二孩政策出台后用人单位获得感下降的情况,以及女性在劳动力市场中可能被恶化的职业地位,就亟须呼唤与全面二孩政策相配套的市场政策和用人单位的补偿政策。

3) 生育两孩的行为减少了女职工的劳动参与

根据妈咪轨迹理论,女性在生育后会造成工作中断,进而影响到女性劳动报酬。这种妈咪轨迹的形成,至少包含着暂时退出工作岗位,使得女性丧失了一定的劳动技能,或者长时间脱离工作,使得女性要花时间学习,更新劳动知识和经验,从而带来了劳动能力的下降;同时也包括了更换工作单位,适应新工作的时间成本等因素。这就需要考察女性生育后选择更换工作,还是选择回到原来的单位,或者退出劳动岗位,以及女性生育后需要多长时间恢复,才能重返劳动岗位。

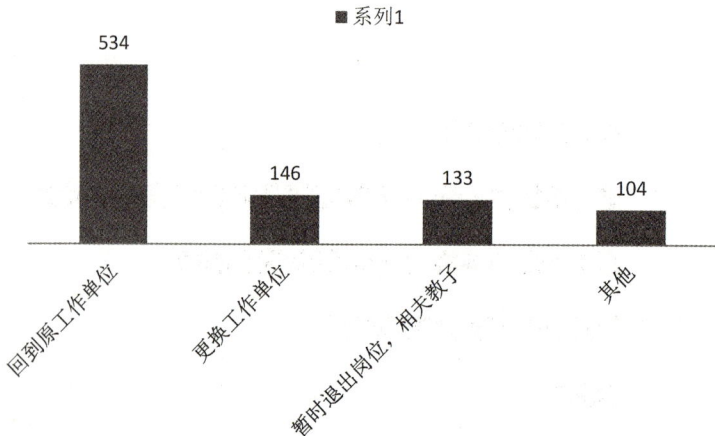

■系列1

图 3.9 女性生育后的劳动选择

从图 3.9 可知,至少有 534 名(58.2%)的受访女性表示在生育后回到原单位工作,说明女性劳动参与具有相对稳定性,而社会保险制度也使得女性拥有了相对稳定的劳动就业环境。但是,不可否认的是,仍然有 146 名(15.

9%）、133 名（14.5%）的受访女性表示要更换工作单位或者暂时退出劳动岗位，相夫教子，两者合计共有 30.4% 的女性因为生育中断劳动并且希望更换工作岗位。一方面，从平滑生命周期可以看出，大量的女性退出劳动岗位，女性因为生育导致工作收入减少；另一方面，对女性的劳动地位、家庭地位带来了不利影响，由于女性的劳动退出，她们需要承担更多的家庭责任，进一步说明了女性是生育责任的主要承担者。

　　女性所承担的生育责任，不仅包括了怀孕、哺乳，而且更为重要的是兼顾了幼教、学业辅导等责任，如图 3.10 所示。

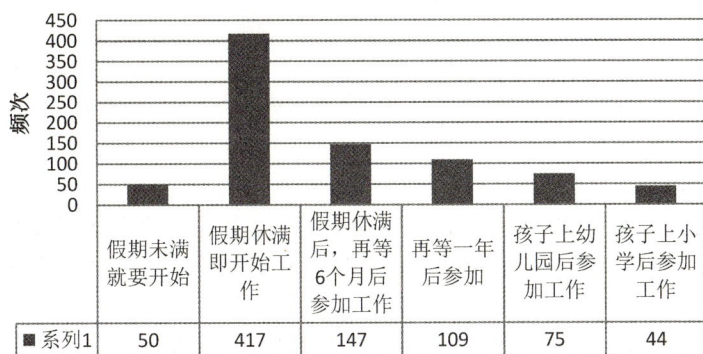

图 3.10　生育两孩后何时回到工作岗位

　　从图 3.10 可以看出，有 50 名（5.5%）受访女性表示在假期未满就要回到工作岗位，有 417 名（45.5%）受访女性表示需要在假期休满即刻开始工作，两者相加大约等于 50%。还有 147 名（16%）受访女性表示需要在假期休满后，再等待 6 个月后回到工作岗位，109 名（11.9%）受访女性表示需要在假期休满后再等待一年后加入工作队伍中去，75 名（8.2%）受访者认为要等到小孩上幼儿园后才参加工作，另外还有 44 名（4.8%）受访女性表示要等到孩子上小学后再参加工作。由此可知，有将近一半的受访女性表示法定休假期结束，即刻回到工作岗位上，也就意味着仍然有一半的女性由此而中断工作，无法直接回到劳动岗位上。工作中断意味着女性收入的中断，也表明至少有一半的女性会因为生育因素在劳动力市场上处于不利的地位。

　　从图 3.11 可以看出，70% 以上的女职工选择回到原工作单位，她们的在职单位分别是国家机关、事业单位、国有企业、外资企业（分别为 73%、70%、73%、74%）。相比较而言，其他选择回到原来工作岗位的受访者比例较低，大多在 60% 以下。这说明工作的性质和就业的稳定性对女性劳动参与有着重要影响。

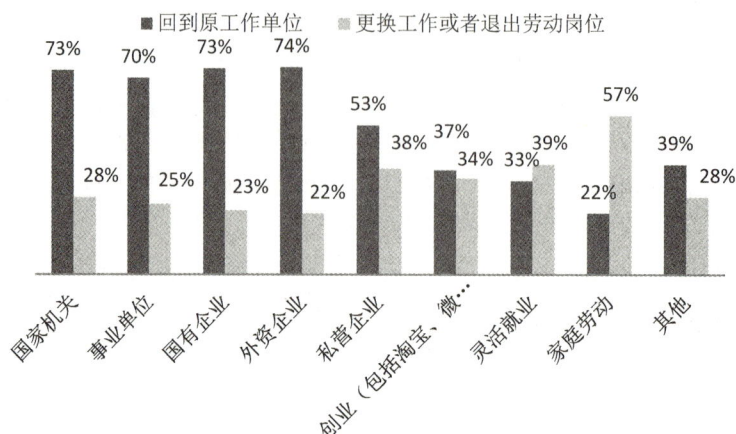

图 3.11　分职业视角的生育后劳动力市场参与决策

　　4）生育两孩的行为压缩了女性职业晋升的空间

　　在劳动力市场中,由于女性工作中断,使得用人单位无法有效地安排女性工作岗位,进而影响女性的职业发展通道;另一方面,即使女性没有生育行为,但是也会考虑到女性可能存在的生育行为而须提供一定便利。相对而言,男性养育子女的拖累较少,工作稳定性较强,不太容易造成岗位的缺失,便于用人单位做出合理的劳动岗位安排。这一事实在对用人单位的调查中得到了印证。除非专业性较强的岗位,替代性的工作岗位,用人单位倾向于选择没有生育风险的男性员工,或者已经生育的女性,而女性自身的感知也证实了这一担忧,如图 3.12 所示。

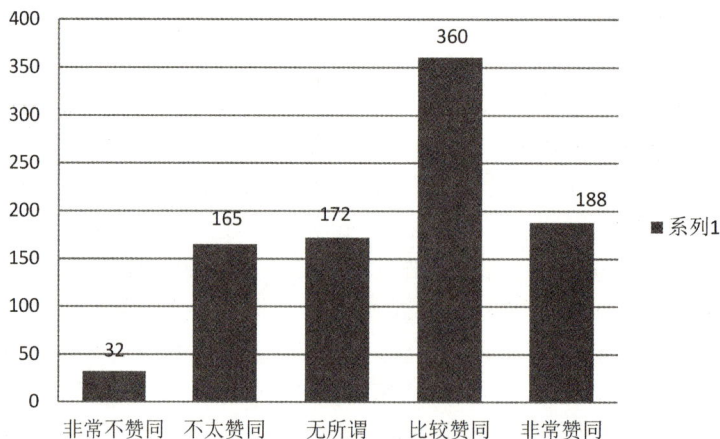

图 3.12　生育两孩对于女性工作晋升的影响

　　由图 3.12 可知,有 188 名(20.5%)的受访者非常赞同生育两孩会影响到女性工作晋升,360 名(39.3%)的受访者比较赞同这一观点,只有 165 名(18%)的受访者表示不太赞同,32 名(3.5%)的受访者表示非常不赞同。由此可以看出,有超过 60% 的女性受访者认为因为性别问题,生育两孩会导致女性工作晋升受阻,这一点可以用妈咪轨迹来解释,女性生育导致其收入增长缓慢,可以解释为工作晋升受阻影响到了女性的整体收入水平,从而影响劳动报酬率。

3.3.2　生育责任过重不利于女职工特殊权益的保护

1) 家务劳动的重要性被大多数女职工认同

　　这里的家务劳动主要是指被女职工普遍承担起的子女教育、老人照护等在内的家务劳动,按照劳动性质分至少可以把女性所从事的劳动分为两类:一类是市场化的社会劳动,能够取得一定的劳动报酬或经营收入;另一类是家庭内部的劳动,具有时间损耗,难以或者不能获得劳动报酬或经营收入。传统的男主外、女主内的家庭分工中,由于男性从事的社会性劳动能够获得劳动报酬,而在家庭分工中处于支配地位,但是,并不能说明家务劳动没有社会劳动重要,尤其在家务劳动社会化之后,家庭内部的劳动可以通过市场化的引入,通过社会购买来获得,这样家务劳动就走向了货币化报酬之路,更为重要的是子女教育和老年供养,由家庭内部成员完成具有特殊的情感因素,故重要性值得重视。

　　为了能够进一步分析不同教育背景女性的观点差异,在家务劳动的社会认可度方面,进行了如下交叉分析。

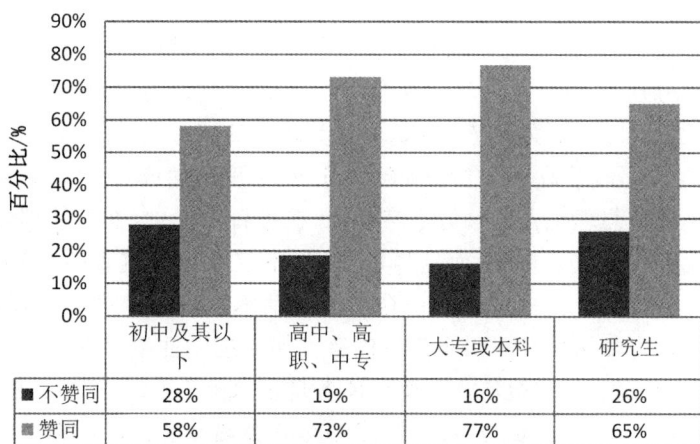

	初中及其以下	高中、高职、中专	大专或本科	研究生
■不赞同	28%	19%	16%	26%
■赞同	58%	73%	77%	65%

图 3.13　不同教育程度女性对于家务劳动重要性的比较

如图 3.13 所示,对家务劳动与市场劳动同等重要明确表示赞同(包括非常赞同和比较赞同)的分别为:初中及其以下占 58%,高中、高职、中专的占 73%,大专或本科的占 77%,研究生占 65%。在对家务劳动与市场劳动同等重要的回答中明确表示不赞同(包括非常不赞同和不太赞同)的分别为:初中及其以下占 28%,高中、高职、中专的占 19%,大专或本科的占 16%,研究生占 26%。

由此可知,同受教育水平的女性对于家务劳动重要性的认知并不相同,教育程度的提升并没有让家务劳动得到越来越高的认知,即没有呈现出线性的增长趋势,而是出现了曲线特征。从访谈中可以看出,在橄榄型的学历结构中,中间层次的学历女性具有广泛而共同的社会认知,更加倾向于视家务劳动和市场劳动同等重要,但是在学历结构的两头存在一定的偏移。究其原因不难发现,前者因为认知能力和现实工作状况等因素使其更加难以平衡好家庭与工作的关系,而对于后者却因为其拥有更多成就事业的动机等因素与主流学历层次女性的观点出现了一定的偏移。

2) 女性比较其他参与主体承担了更多的家务劳动

女性在家庭中的角色和责任有着广泛的基础,实地调研显示,无论是用人单位人力资源主管还是机关事业单位的工作人员,大多表示女性在家庭中承担了主要的家务劳动,尤其是生育子女。为了能够准确了解女性承担这一责任的程度,本次调研专门从女性的角度进行了责任感知调研,设计了100 分的分值,让受访女性用这个赋值按照不同的比例分别分配到女性自身、社会、单位、政府、其他家庭成员的结构中去,通过实际赋值和理想赋值进行对比分析。

如图 3.14 所示,在对于女性生育责任中现有的赋值 100 分,各个主体的责任承担分别为:女性 49.3 分,社会 10 分,单位 10.3 分,政府 11.2 分,家庭其他成员 19.4 分;而受调查女性认为最为理性的赋值应该分别为:女性 34.5分,社会 14.8 分,单位 14.2 分,政府 16.5 分,家庭其他成员 20 分。对比女性现实责任赋值与理想责任赋值不难发现,在生育责任中,女性的理想认知和现实状况存在着较大差距,而这样的差距,不仅是一种直观的感受,更能从广泛的社会认知中获得解释。正是由于女性承担过多的家庭责任,限制了女性在劳动力市场上发挥职业竞争优势。如果把女性生育责任进行合理分配,分别由社会、单位、政府这三个主体各自多承担 5 个点的责任,那么,女性可以释放出 15 个点的责任空间,则能够充分实现女性在职业市场中机会平等目标。受访女性的这种感知和内在的需求,符合社会发展的重要趋势。

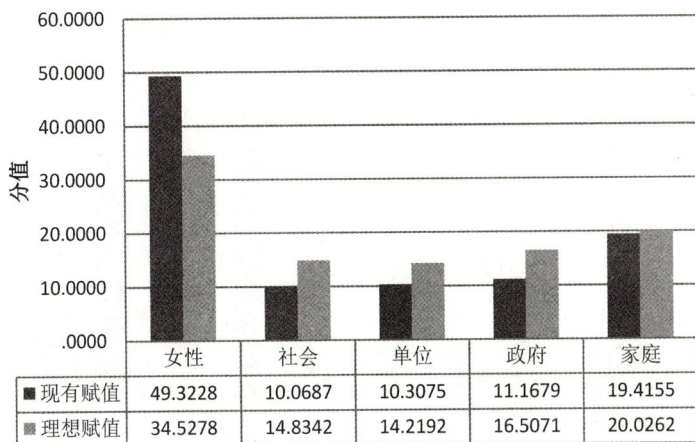

	女性	社会	单位	政府	家庭
■ 现有赋值	49.3228	10.0687	10.3075	11.1679	19.4155
■ 理想赋值	34.5278	14.8342	14.2192	16.5071	20.0262

图 3.14　女性对生育责任的赋值

随着社会的发展,生育这种人类的繁衍活动不仅是家庭内部保障的结果,而且是社会延续和经济发展的需要,让社会、政府、单位承担起应有的责任有着重要的现实意义。

3) 女职工家务劳动贡献的社会认同度较低

当前中国女性家务劳动的社会认可程度较低,而家庭认可度较高。女性分别在家庭、单位和社会中扮演着不同的角色,女性所从事的家务劳动的贡献优于男性,作为其他的家庭成员具有最直接的感知力,但是对于社会、单位认可度较小。

如图 3.15 所示,对比女性家务劳动贡献可以看出,有 345 名(37.6%)受访女性表示"非常赞同"其在家庭中的认可度,有 170 名(18.5%)受访女性表示"非常赞同"其在单位中的认可度,有 136 名(14.8%)受访女性表示"非常赞同"其在社会中的认可度。对于用人单位的访谈可以看出,尽管女性在家务劳动中具有一定的贡献,但是人力资源主管在对待女性工作态度时表示,希望女性能够平衡好工作与家庭的关系,更希望女性在完成家务劳动的同时,不能影响其工作。

3.3.3　保障政策的不健全削弱了女职工特殊权益

1) 生育保险制度尚未做到全覆盖

女性就业的一个重要问题就是女性在劳动中的权益是否得到保障,其中社会保险制度作为劳动者的一种劳动保护制度,维护着劳动者的合法权益,而女性作为生育保险制度的最直接受益主体,对于生育保险的保障不仅

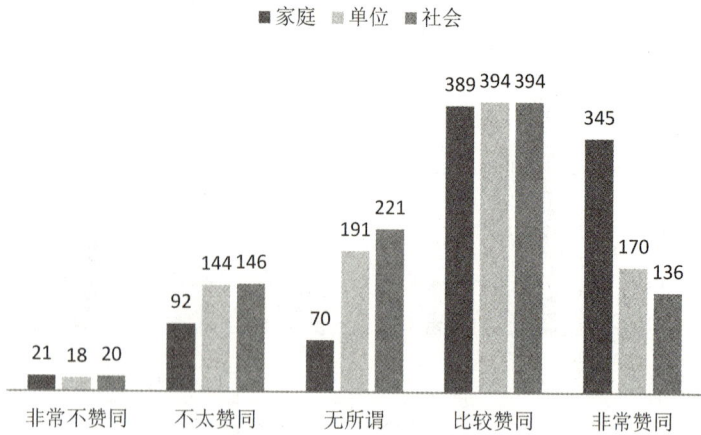

图 3.15　女性劳动贡献认可度比较图

涉及经济收益的补偿,而且还涉及产假等制度安排。根据我国生育保险法律的规定,其宗旨在于通过向生育女职工提供生育津贴、产假以及医疗服务等方面的待遇,保障她们因生育而暂时丧失劳动能力时的基本经济收入和医疗保健,帮助生育女职工恢复劳动能力,重返工作岗位,从而在这一特殊时期,体现国家和社会对妇女的支持和爱护。

由图 3.16 可知,至少有 23.1% 的受访对象没有缴纳并享受生育保险,这在一定程度上说明,尽管把女性纳入生育保险计划作为一项法律给予规定下来,全面二孩政策背景下,生育保险在保护女性就业权利中也显得尤为重要,即使如此,被访育龄女性并没有 100% 的全部覆盖,至少有接近四分之一的女性没有被覆盖进来。

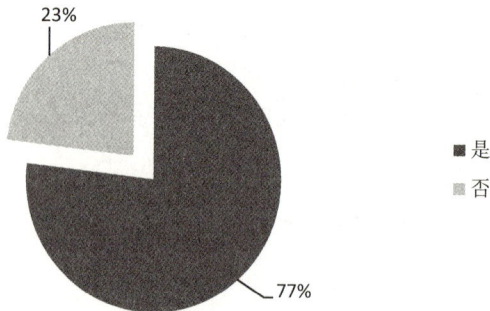

图 3.16　受访女性是否享受生育保险覆盖图

2) 私营企业和灵活就业中的女性生育保护更加缺乏

由图 3.17 可知,没有被纳入生育保险的女性主要存在于私营企业,除此之外,灵活就业、创业、家务劳动女性中,也接近有一半的女性没有被纳入生育保险中来,也就是说这部分女性并没有享受到生育保险规定的权利,足以说明女性劳动权益的保护工作还存在一定的提升空间。

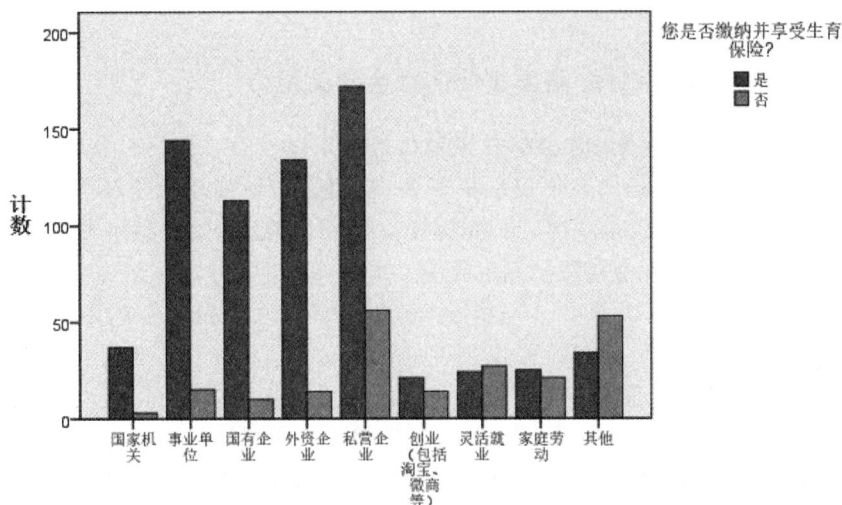

图 3.17 享受生育保险的职业分解图

对于这一生育保险的法律权利,即使在非固定单位就业的女性,社会对其也有着较为强烈的公平期望,寄希望于政府能够将此类人群纳入生育保险的范围。

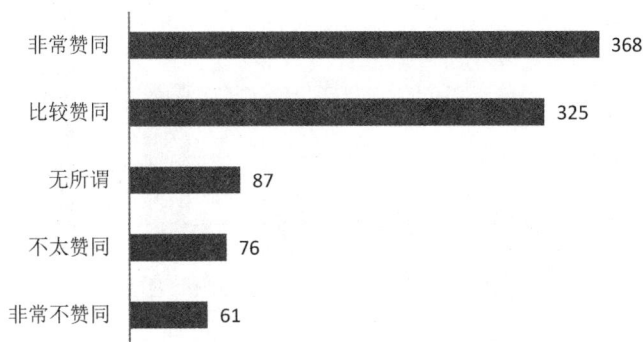

图 3.18 政府将非固定单位女职工纳入生育保险图

从图 3.18 中可以看出,有 368 名(40.1%)受访女性表示非常赞同"政府应该将非固定单位女职工纳入生育保险",325 名(35.4%)受访女性表示比较赞同,另有 87 名(9.5%)受访女性表示无所谓,76 名(8.3%)受访女性表示不太赞同、61 名(6.7%)受访女性表示不赞同。由此可见,表示赞同的比率超过了 75%,同是女性劳动者,对于生育保险制度公平的期许已经成为一种共同的社会期望,实际上,这也为生育保险制度向具有普惠性的生育福利制度转变创造了条件。

3.3.4 "全面二孩"亟需相应的社会政策配合

1) 希望政府给予用人单位一定的优惠政策

女性就业权利的实现不仅取决于实现的愿望,更加取决于社会制度环境为其权利实现提供的可能性,要保证女性平等就业,防止就业歧视的产生,需要确立防止就业歧视的制度环境。

从图 3.19 中可以看出,有 415 名(45.3%)受访女性表示非常赞同"政府应该给予生育两孩女性单位提供更多的优惠",257 名(28%)受访女性表示比较赞同,另有 88 名(9.6%)受访女性表示无所谓,87 名(9.5%)受访女性表示不太赞同,70 名(7.6%)受访女性表示不赞同。由此可以看出,有超过 73.3%的女性表示希望政府给予单位以一定的补偿,如果单位因为招募了生育两孩的女性获得补偿,或者因为单位内的女性生育两孩获得补偿,则会大大提高雇佣女性的积极性,提升所雇佣女性的劳动地位,也会让女性在劳动力市场的地位得以提高,实现参与主体更为平等的劳动付出。

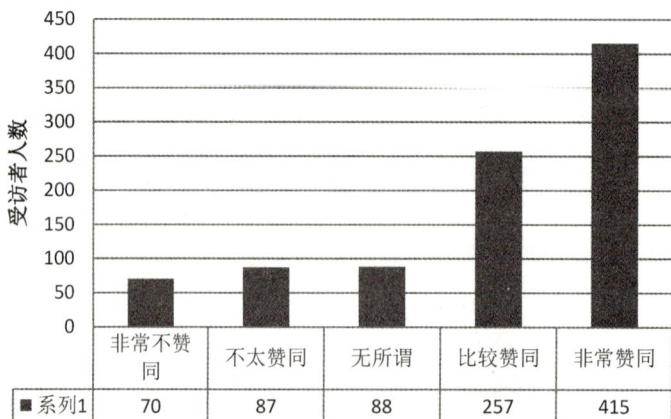

	非常不赞同	不太赞同	无所谓	比较赞同	非常赞同
■系列1	70	87	88	257	415

图 3.19 女性对于单位优惠政策的期望图

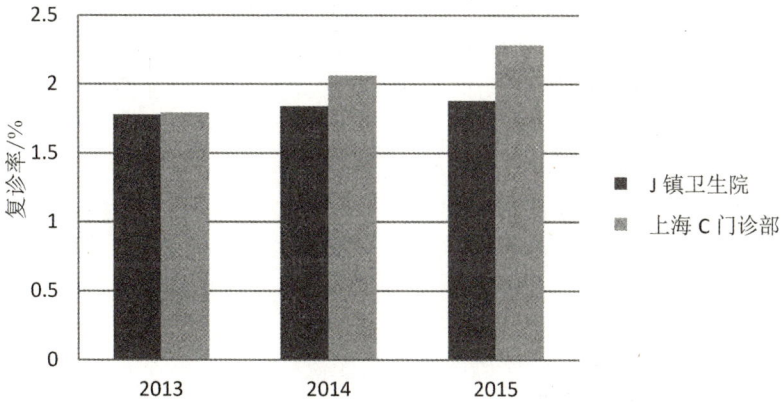

图 4.2　定点医疗机构的复诊率比较图

　　图 4.2 显示了 J 镇卫生院与上海 C 门诊部两个西医定点医疗机构复诊率的比较结果,2013 年至 2015 年间,J 镇卫生院的复诊率分别为:1.78%、1.84%、1.88%,而同期上海 C 门诊部的复诊率分别为 1.79%、2.06%、2.28%。经过对比可以看出,上海 C 门诊部的复诊率要高出 J 镇卫生院0.01%~0.40%,由此可以看出,民营医疗机构存在着一定程度的诱导需求行为。

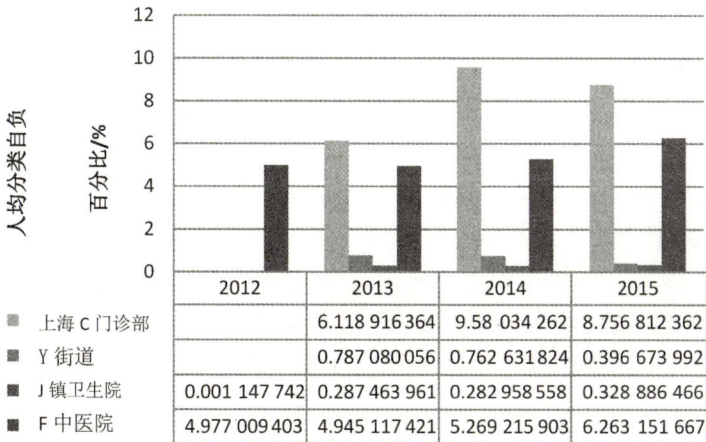

人均分类自负 百分比/%	2012	2013	2014	2015
上海 C 门诊部		6.118 916 364	9.58 034 262	8.756 812 362
Y 街道		0.787 080 056	0.762 631 824	0.396 673 992
J 镇卫生院	0.001 147 742	0.287 463 961	0.282 958 558	0.328 886 466
F 中医院	4.977 009 403	4.945 117 421	5.269 215 903	6.263 151 667

图 4.3　人均分类自负水平图

　　从图 4.3 中可以看出,民营医疗机构 C 门诊部的人均分类自负水平要高于其他几类不同性质的公立医院。其中岳阳地段医院和 J 镇卫生院属于一级医院,所以人均分类自负额较低,从 2012 年到 2015 年两者的分类支付都

在 1 以内,而 F 中医院是二级甲等医院,人均分类自负额较高,处于 4.9%~
6.3% 之间,但是民营医疗机构——C 门诊部的分类自负额更高,处于
6.1%~9.6% 之间,超过了同期的二级甲等医院——F 中医院的水平,更是
超出了同期同区域医院——J 镇卫生院的 10 倍以上。

2) 民营定点医疗机构人均医保支付费用分析

对比人均医保支付数额可以看出,公立医疗机构的人均医保支付相对
比较稳定,而民营医疗机构则呈现出快速增长的态势。

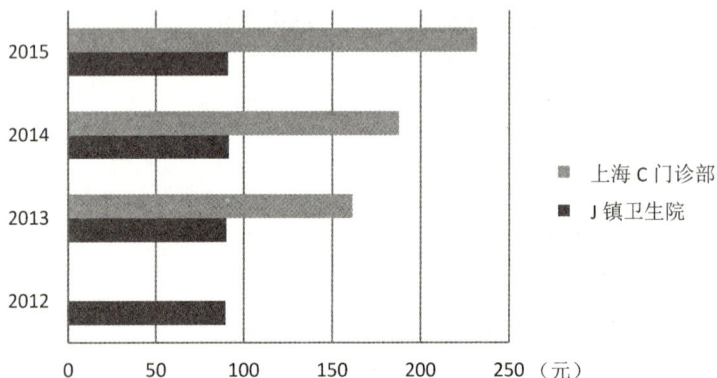

图 4.4　公立医疗机构与民营医疗机构医保支付对比图

如图 4.4 所示,2012 年至 2015 年间,J 镇卫生院的人均医保支付额分
别为:90 元、90 元、92 元、91 元;而 2013 年至 2015 年间上海 C 门诊部的
人均医保支付额分别为:161 元、188 元、232 元。可见,上海 C 门诊部的人
均医保支付高出了 J 镇卫生院的一倍以上。但是民营医疗机构的人均医
保支付高于公立医疗机构的情况在中医门诊部的对比中并不明显,如图
4.5所示。

F 中医院的人均医保支付分别为:2012 年 110 元、2013 年 116 元、2014
年 125 元、2015 年 135 元;而同期上海 A 中医门诊部分别为:2012 年 100
元、2013 年 112 元、2014 年 125 元、2015 年 128 元。从 2012 年开始 A 中医
门诊部的人均医保支付就低于同类公立医院——F 中医院。2012 年至 2015
年间 F 中医院的人均医保支付缓步上涨,上海 A 中医门诊部也保持着同等
速率的上涨态势。但由于 A 中医门诊部的复诊率高于 F 中医院,人均综合
医保支付则要高于 F 中医院。

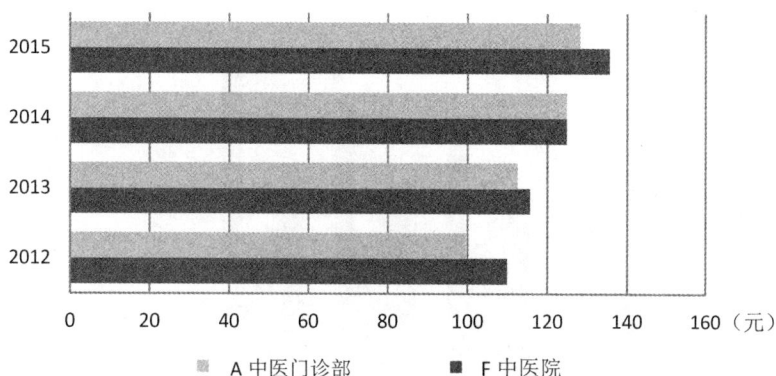

图 4.5　中医民营医院与中医公立医院的人均医保支付图

3）民营定点医疗机构次均总费用分析

通过对比次均费用可以发现，在不同的医院每次看病的总花费不同，由于医疗服务价格、检查设备、医疗手段等差异，造成不同类型医院的次均总费用有一定的差异。一般来说，三甲医院的次均费用要高于二级医院，二级医院的次均费用要高于社区医院。这一点从图 4.6 可以得到验证。

如图 4.6 所示，J 镇卫生院次均费用最低，分别为：2012 年 104 元、2013 年 104 元、2014 年 104 元、2015 年 103 元；居于中间水平的是上海 A 中医门诊部，分别为：2012 年 127 元、2013 年 145 元、2014 年 158 元、2015 年 163 元；同期 F 中医院分别为：2012 年 141 元、2013 年 147 元、2014 年 156 元、2015 年 169 元。对比上海 A 中医门诊部和 F 中医院的次均费可以看出，尽管 F 中医院以中医诊疗为主，但是结合西医诊断及各种医疗器械的检查相对较多，在一定程度上提高了次均费率；而 A 中医门诊部由于缺乏其他检查设备，主要以中医坐堂运用望闻问切等传统诊疗技术，大大节约了诊断成本，降低了次均费率。上海 C 门诊部的特征就更加明显，从 2013 年 189 元、2014 年 225 元增长到 2015 年 274 元，增长速度比较明显。这四家医院的对比结果能够初步证实"医疗服务供给创造医疗需求"的理论假设。通过对比民营医疗机构与公立医疗机构的次均药品费用，这一理论得到了进一步验证。

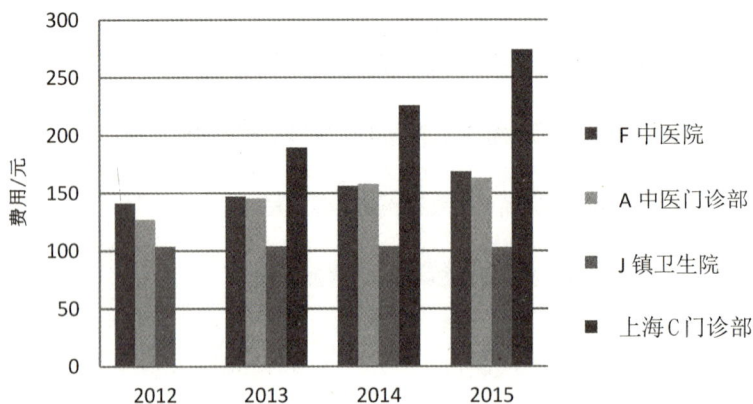

图 4.6　次均费用比较图

　　如图 4.7 所示，J 镇卫生院从 2012 年至 2015 年间次均医疗费用相对平稳，维持在 75 元左右，而同一时期 F 中医院的次均医疗费用也只出现了缓慢上升的趋势，从 2012 年 101 元上升到 2015 年 118 元，基本保持了同期物价水平的同步上涨速度。但是相比较之下，上海 A 中医门诊部的次均费用，则从 2012 年的 121 元上涨到 2015 年的 149 元，上涨速度较快；上海 C 门诊部次均药品费则呈现出更加惊人的上升速度，2013 年 148 元、2014 年189 元、2015 年 224 元，市场化特点显著，值得相关部门关注。

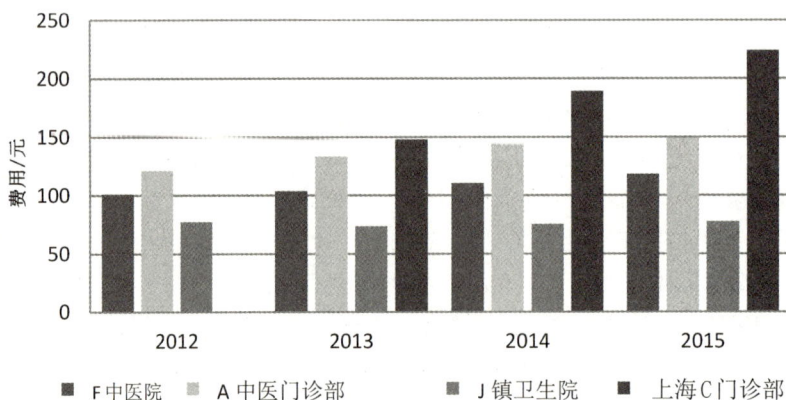

图 4.7　两类医疗机构次均药品费比较图

　　4) 民营定点医疗机构社会医疗保险基金违规使用分析

　　从 2016 年费用监控系统扣款明细可以看出，2016 年 1 月至 8 月间，尽管民营定点医疗机构和公立定点医疗机构在门诊中,几乎或多或少地存在着违规使用社会医疗保险基金的情况,但是,违规的数额对比却相差明显。

如图 4.8 所示,Y 街道医院门诊部违规使用社会医疗保险基金 118 元,而民营定点医疗机构——上海 B 医院违规使用社会医疗保险基金为 3 316 元,是 Y 街道医院的 28 倍;J 镇社区门诊部违规使用社会医疗保险基金为 516 元,对应上海 C 门诊部为 1 217 元,上海 C 门诊部是 J 镇社区医院的 2 倍多。上海 BD 医院的违规基金更是达到了 3 316 元。这种差异,不仅可以在门诊中发现,而且在同样具有住院病床的 F 中医院与 D 老年护理院的对比中显得更为突出。

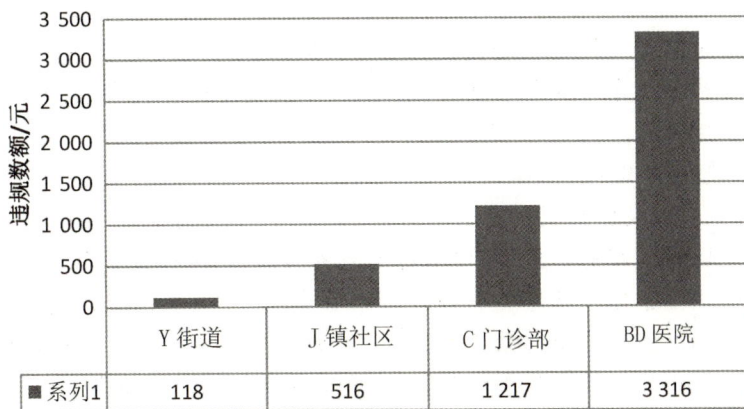

	Y 街道	J 镇社区	C 门诊部	BD 医院
■系列1	118	516	1 217	3 316

图 4.8　2016 年 1—8 月部分医院违规使用社会医疗保险基金情况对比图(门诊)

从图 4.9 可见,2016 年 1 月至 8 月间 D 老年护理院违规使用社会医疗保险基金数额为 71 744.5 元,违规社会医疗保险基金支付数额较大,如果按照人均资金违规率计算,数值更是达到 26 元每人次。意味着在 D 老年护理院就诊的人群中,每看病一次就可能违规使用社会医疗保险基金 26 元。而同期公立医疗机构——F 中医院违规使用社会医疗保险基金的数额仅为 11 959.8 元。通过追查社会医疗保险基金使用可以发现,F 中医院和 D 老年护理院的违规使用社会医疗保险基金主要发生在床位费设置中。

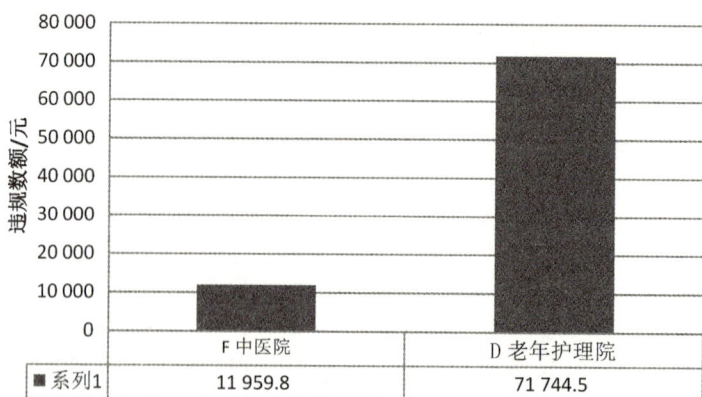

图 4.9　2016 年 1—8 月某些医院违规使用社会医疗保险基金情况对比图（住院）

通过对比可以看出，无论是门诊还是住院，民营定点医疗机构比公立定点医疗机构存在着更多违规使用社会医疗保险基金的情况，民营医疗机构的管理亟待规范。

研究总结和思考如下：

思考一：民营医疗机构比公立医疗机构可能存在着更多的诱导需求行为。由于医疗保健的信息不对称，对于患者病情，医生拥有更多的信息，民营医疗机构是根据门诊量和看病数额给予报酬，在此前提下，医生和医疗机构有着诱导患者需求的动机，而局部数据也初步证实了这一理论假设，民营医疗机构的复诊率和次均费用、人均医保支付水平都要高于公立医疗机构。

思考二：民营医疗机构可能比公立医疗机构存在着更多的供给创造需求情况。在高等级的医疗机构由于医疗实施较为先进，更倾向于采取技术手段代替人的诊断，从而增加了医疗费用支出和社会医疗保险基金支出。民营医疗机构投入的医疗设施更需要从医疗服务中获得补充，医疗设施完善的二级医院的医疗费用要高于一级医院，医疗设施完善的西医院要高于中医院。

思考三：需进一步加强对民营医疗机构的管理和监控。民营医疗机构存在着数额较大的社会医疗保险基金违规使用问题，需要进一步强化对社会医疗保险基金使用的监督和检查，加强对民营医疗机构社会医疗保险基金使用的培训，规范对于民营医疗机构的运行与管理，进一步降低医保病人费用负担，改善群众的就医感受。

4.4　公共卫生服务资源分配中的目标模式

在社区健康公共服务的目标方面,排第一位的就是健康目标。1998 年 WHO 确定"基本公共卫生"功能的框架包括:健康促进、健康状况监测、环境保护等八项基本内容,作为一项基本公共服务,除了健康的目标,公平目标也是一个重要的标准,"泛美卫生组织"将"评估和提高必要卫生服务的公平可及性"作为基本公共服务的重要发展方向。除此之外,社会医疗保险基金在公共服务设施建设、资源投向重点、投向效率,对医疗机构的规范、管理等方面也有着重要的影响。具体而言医疗机构对公共卫生服务资源的目标设计需要考虑以下原则:

4.4.1　预防性原则

一是防止患者的疾病进一步恶化,产生更大的医疗费用支出。保证医疗保险资金的支付是医疗保险制度建立的基础,在收支平衡的社会医疗保险基金制度设计中,根据疾病风险发生原理筹集的医疗保险,面对疾病风险的发生,就应该给予同等水平的报销补偿。不可否认的是疾病控制的效果不仅取决于疾病的诊疗,而且取决于疾病的预防,乃至整个公共卫生支出和公共环境支出的变化,但是社会医疗保险基金的诊疗支出对提升患者健康水平功不可没。

二是通过制度设计预防医院和患者的骗保行为。由于信息不对称性,医疗卫生市场和医疗保险市场存在着多重委托代理关系,往往会出现委托人和代理人之间利益背离的倾向。而解决利益背离是制度设计的重要目标。在医疗保险制度设计中,既需要防止患者的小病大养,滥用社会医疗保险基金;又需要防止医患合谋,侵占社会医疗保险基金。制度设计的关键是需要甄别出真正的、有效的还是虚假的、夸大的社会医疗保险基金需求。

三是通过制度预防医疗与医保机构的寻租行为。既加强社会医疗保险基金支付机构内部的管理,防止医疗机构和医保机构之间出现寻求医保资金使用的寻租行为,又要加强医疗机构内部的管理,防止在有限的医疗资源背景下,医疗机构管理部门、医疗机构内部人员(管理者和专业技术人员),对社会医疗保险基金的使用进行控制活动,将社会医疗保险基金看成是寻租的手段和灰色收入的来源。要加强对医疗保险机构的激励,增强医保机构以积极的行动分配医保资源的积极性,防止出现医保机构在定点医疗、预付报销方面的寻租行为。

4.4.2 公平性原则

社会医疗保险基金作为第三方支付的一种手段,应该至少保证两种公平,一是对于不同医院的公平,一是对待不同患者人群的公平获得。前者涉及不同医院的预付额度的核算。后者涉及不同人群,根据疾病需求和保险制度设计形成的支付。

在社会医疗保险基金于不同医疗机构之间的公平获得方面:从医疗机构的分类可以看出,既有一类、二类、三类的纵向分类,也有民营和公立的性质分类,更有定点和非定点的资源投放分类。要保证公平获得既需要考虑在定点和非定点的选择中,如何筛选出符合社会医疗保险基金管理要求和患者需求的规模、定价、服务标准;也需要考虑到不同的患者需求,不同产权属性分类的医院。具体操作中,应该平等地让符合医保支付要求的医院纳入定点医院中来,也应该让享有同等服务能力、服务质量、服务水平的各类医院享受到与之对应的保险支付比率和支付数额标准。

在社会医疗保险基金于不同人群之间的公平获得方面:社会医疗保险基金的公平获得主要体现在基金的支付方面,旨在分散投保人的疾病风险,能够让患者公平地享受到医保报销范围的覆盖。就医保报销而言,如果某类人群由于特殊原因占据了过多的医保资源,那么就意味着对另一部分群体的不公平。社会医保一个重要的功能是保障参保人的基本医疗需求,一方面社会医疗保险基金应该把支付的重点放在一级、二级医院的门诊和住院,另一方面,对于应病情需要转院的患者,在大型综合医院和专科医院的支出也应该纳入重点支付中。由于资源约束,社会医疗保险基金资源更倾向于基本病床、普通门诊、专家门诊,而不是高级病床、特需门诊。

4.4.3 效率性原则

社会医疗保险基金资源分配一个目标原则就是效率性。要确定将社会医疗保险基金使用到最需要医保支付的疾病和诊疗项目中。真正起到化解疾病风险的目标。社会医疗保险基金使用的效率性需要注意三点:

一是社会医疗保险基金最有效的利用,提供给最需要的人。这是从医疗服务需求的角度,考察医疗资源投放的效率。在投向患者的时候需要遵循两个原则,一是适度原则,也就是社会医疗保险基金的保障水平必须适度,不能超出了社会医疗保险基金筹集、社会经济发展水平的范围;二是充分原则,让符合医保报销覆盖的疾病和人员能够充分地享受到社会医疗保险基金的支付,确保参保人的疾病安全。

二是提供给有效率使用社会医疗保险基金的医疗机构。这是从医疗服务供给的角度,考察社会医疗保险基金投放效率。无论是社区基层医疗机构还是三甲医疗机构;无论是公立医疗机构还是民营医疗机构,只要能够有效率地使用医疗资源和医保资源,能够实现疾病预防、治疗、康复等目标就能够获得社会医疗保险基金的支持,并且根据效率使用原则进行医保资源的分配。

三是建立最有效率的社会医疗保险基金使用原则。专家认为充分肯定公共卫生的公益性,并不意味着医疗卫生普遍具有公益性[①]。这就要防止公益性命题对医保制度改革的捆绑。在基层社会医疗保险基金支付中,要区分医疗福利和医疗救助与基本医疗保险的区别;也要区分社会医疗保险基金与长期护理保险基金之间的区别;更要注意社会医疗保险基金结余与个别医保项目基金支付水平过高之间的矛盾,防止出现用以分散疾病风险的社会医疗保险基金被不合理的制度性滥用,造成社会医疗保险基金保障能力不足。

4.4.4 规范性原则

一是规范社会医疗保险基金的申请、使用、报销流程。这一流程不需要复杂但要规范,能够记录和反映每个阶段社会医疗保险基金的来源取向,能够记录不同患者的疾病类型,不同医生的诊疗习惯,不同医院乃至不同药店诊疗项目和药品的使用状况,这些记录将形成一个强大的医保资源使用数据库,能够为医保资源的合理分配服务,并能够为医保机构和其他社会性组织对社会医疗保险基金的使用状况进行监督。

二是通过社会医疗保险基金,调节并加强医院管理活动,使得医院能够加强内部的规范管理过程。社会医疗保险基金对于定点医院和定点药店肩负着监督职责,对于不合理的基金使用有权利也有义务指出并督促进行规范管理,以此作为纳入定点范围的依据,并帮助患者与医疗机构、药商进行谈判,以求得合理的医疗费用支付。医保机构可以设立一定的标准和等级,对符合标准的医院进行较为宽松的支付支持,对等级较高的医疗机构提供较促进高的报销标准,从而促进医院提升管理能力和水平。

三是对公立医院改革的规范性引导,发挥社区首诊、逐渐转诊的规范性操作的作用。公立医院改革的核心是破除以药养医,进行补偿机制改革,也

---

① 陈永正,李珊珊,黄滢. 中国医改的几个理论问题[J]. 财经科学,2018(01):76-88.

在于如何把有限的资金发挥最高的效率[①]。在改革中,至少要抑制两种费用虚高的情况:一种是单种药品价格虚高,另一种是综合医疗费用虚高。可以发挥社会医疗保险基金的作用,对使用诊疗费用少(药品、药械),诊疗效果好的医疗机构投入更多的医疗资源,包括社会医疗保险基金资源和公共卫生资源。鼓励医疗机构致力于诊疗效果本身,发挥不同等级医疗机构之间的联动作用,对医疗联合体进行综合性指标测量,注重按照绩效指标进行测量和社会医疗保险基金投放选择。从而通过医疗机构之间的竞争,规范医疗机构的诊疗行为,确保公立医院改革实现。

4.5 公共卫生资源合理分配的政策建议

4.5.1 扩大基层公共服务资源设施平台建设

国外大量的实践案例中包含了其社区健康公共服务的内容,如英国社区健康服务内容十分广泛,涵盖健康促进、健康教育、心理咨询以及特殊人群保健、疾病诊疗和双向转诊、家庭病床和家庭护理、健康档案管理等服务。美国社区卫生服务机构具体上有社区医院、家庭护理中心、社区卫生服务中心及根据居民健康需要开设的专门性机构,如社区营养中心、社区健身中心、社区心理咨询中心等。由此可以看出,立足以基层社区健康服务平台为基础的公共资源服务网络建设是公共卫生资源配置的核心。

4.5.2 纳入社会医疗保险基金支付的医养结合制度

不仅要加强社区基本公共服务的健康服务平台,还必须理顺养老机构,尤其是医养结合的养老产业发展中面临的社会医疗保险基金支付制度的难题。十九大报告提出"推进医养结合、促进老龄产业快速发展",充分表明了医养结合是养老产业的发展方向。但是,在养老机构中不仅需要增设专业医疗团队,同时还需要能够将其所涉及的医疗费用开支有选择地纳入医保报销范围。准确评估老年人社会医疗保险基金使用情况,确定合理的收费标准和养老补贴发放标准,建立统一集中的老人长期照护服务支付体系[②]。基于制度整合的理念,合理确定利益分享、责任共担、资源整合、部门协作机

---

① 卫健委体制改革司司长梁万年:公立医院改革核心是围绕药价虚高发力[OL]. http://www.nbd.com.cn/articles/2018-12-05/1279151.html.

② 唐飞泉,杨律铭. 我国医养结合模式探索和创新[J]. 现代管理科学,2018(12):51-53.

制建设,提升整个社会的福利公平①。

4.5.3 完善社会医疗保险基金支付网络体系建设

进一步加强基层首诊、逐渐转诊的家庭医生负责制,建立个人健康信息档案,依照定点服务机构的利用率指标来调整定点医院的医疗服务职责,将小病留在基层社区医疗机构,培育社区居民理性择医、择院的健康就诊行为。要真正做到分级诊疗至少要做到,一是各级医院信息共享,即上下级医院、医联体内医院、专科医院与综合医院之间的信息互联互通,既能够让基层医院根据大医院的信息更好地开展转院或者出院后的康复活动,也能够让大医院对基层医院的就诊信息有着明确的预判,减少不必要的重复检查和器械使用。二是强化双向转诊,对于需要继续治疗或者康复的患者,三级医院或者专科医院在转入基层社区医院的过程中无须办理繁杂的转诊手续,在经过简要的数据核对和医嘱处理后,就能够直接利用信息化网络系统进行提交和衔接。三是加大远程医疗医院间的协助,不同医院之间除了使用医联体纵向合作之外,对于特殊疾病还需要进行跨区域、跨医院之间横向或者纵向的远程合作,以减少患者就诊成本。这就需要对远程医疗进行监督管理,可以效仿传统医疗服务的基本医疗保险监督模式,由医疗保险定点对远程医疗服务商进行审批、管理、监督,并控制参保人员的就医行为,提高医保支付效率。

4.5.4 建立规范的医保大数据挖掘管理体系

传统上的"一元化"管理和运作已经难以适应现代管理的要求。医保制度涉及的部门众多,如何打破部门之间的数据分割,减少部门短视行为的掣肘,增进部门之间的沟通渠道,需要从基础数据的系统化和规范化上下功夫。国家医疗保障局的建立,从管理系统上突破了影响数据流通和规范的制度性障碍,具体的数据提取、流通、分析、整合,还需要进行制度设计,坚持共享、共建的治理理念,将医疗保险的数据安全和数据使用有效结合起来,建立规范的医保大数据挖掘和管理体系,推广和应用大数据分析技术,并为有效解决社会医疗保险基金使用信息不对称所引发的道德风险、诱导需求等问题提供制度条件。

---

① 王浦劬,雷雨若,吕普生. 超越多重博弈的医养结合机制建构论析——我国医养结合型养老模式的困境与出路[J]. 国家行政学院学报,2018(2):40-51,135.

第 5 章

社会保障政策实施中的性别平等

5.1 引言

社会保障制度是一种收入再分配的制度性安排,这种收入再分配除了体现在社会保险中的自助与互助相结合,更多的是体现在社会保障转移项目中,无论是社会救助、社会优抚还是社会福利,往往都离不开公共财政的支持,也势必会占用必要的公共资源。尽管社会保障收入再分配"公平"的相对性[①],但是,社会保障政策实施过程中,享受对象之间的公平性,决定着社会保障资源分配的公平程度,也是公共资源配置的关键性问题之一。男女平等是国家的基本国策,其实现程度是衡量社会文明进步的重要标志。国务院《中国妇女发展纲要(2011—2020 年)》提出了妇女平等享有劳动权利、平等享有社会保障的目标,2017 年习近平同志在十九大报告中指出要加强社会保障体系建设,重申了坚持男女平等的基本国策。由此可见,保障女性权益、推动社会保障政策及实施过程中的男女平等,对加强社会保障体系建设极其重要。在社会保障制度体系的平等构建中,十八届三中全会强调更加公平更可持续的社会保障制度原则。

当前学术界围绕社会保障政策及其实施的平等问题,主要从社会保障平等思想、社会保障项目平等、社会保障人群平等、社会保障政策区域平等方面展开了研究。

5.1.1 社会保障平等思想方面

社会保障是社会公平的基础,追求全体社会成员的社会保障是马克思

---

① 潘锦棠,张燕.社会保障中的平等公平效率[J].国家行政学院学报,2015(06):61-66.

社会保障的基本思想,在这个基本思想路线中,公平贯穿其始终①。习近平同志提出的关于保障和改善民生、促进社会公平正义以及推动共享发展的思想,为新时代中国特色社会保障制度提供了新理念②。随着中国社会保障制度的发展,改革开放四十年来,社会保障制度也面临着从国有企业的转型需要向社会发展制度的进步的内在要求方面迈进③。新时代依据底线公平建设中国特色社会保障事业是整合多样化社会保障模式、厘清社会保障责任、规范社会保障待遇、促进社会保障可持续发展的需要④。

5.1.2　社会保障项目平等方面

从我国社会保障制度结构划分来看,社会保障项目主要包含了社会保险、社会救助、社会福利、社会优抚等方面的内容,而社会保障项目平等也往往由此展开。在不同社会保障制度项目之间的不平等方面,专家们研究了不同养老保险制度的平等功能,结论显示新型农村社会养老保险和城镇居民社会养老保险对老年人口多维贫困和不平等现象没有明显的降低作用⑤。不仅在养老保险中存在着不平等问题,在医疗健康领域也存在资源占有差距。一项中国健康与营养调查(CHNS)最新追踪调查数据显示,我国农村存在着严重的穷富人健康不平等⑥,也就是说更多的健康公共资源不是流向了低收入人群,而是流向了高收入人群。除了健康不平等,在教育领域也存在着诸多不平等问题。教育服务更多由政府公共融资与各阶层居民收入水平呈正相关关系,但对低收入群体的边际贡献更大⑦。民众对高等教育机会公平有着不同的认知⑧,研究表明,教育机会不平等显著扩大了收入差距⑨。

---

① 汤兆云.马克思社会保障公平思想及其启示[J].马克思主义研究,2017(03):140-146.

② 丁建定.试析习近平新时代中国特色社会保障思想[J].当代世界与社会主义,2018(02):80-88.

③ 丁建定.改革开放以来党对社会保障制度重大理论认识的发展[J].社会保障评论,2018(04):31-42.

④ 高和荣.底线公平:新时代中国社会保障的价值要求[J].厦门大学学报(哲学社会科学版),2018(03):9-14.

⑤ 解垩.养老金与老年人口多维贫困和不平等研究——基于非强制养老保险城乡比较的视角[J].中国人口科学,2017(05):62-73+127.

⑥ 高蓉,苏群,沈军威.中国农村收入差距、医疗保险对居民健康不平等的影响[J].江苏农业科学,2016,44(05):569-572.

⑦ 卢洪友,杜亦谭.公共教育融资的平等与增长效应——基于生育率和人力资本双重视角的理论与实证研究[J].武汉大学学报(哲学社会科学版),2018,71(03):135-146.

⑧ 严冬.高等教育中平等受教育权的大众认识与反思[J].西南政法大学学报,2018,20(04):70-79.

⑨ 石大千,张哲诚.教育不平等与收入差距关系再检验——基于教育不平等分解的视角[J].教育与经济,2018(05):48-56.

5.1.3　社会保障人群平等方面

我国主要的社会保障项目包括了养老保险和医疗保险项目,在医疗保险项目中,又可分为城镇职工基本医疗保险和城乡居民医疗保险(原来为:城镇居民医疗保险和新农村合作医疗保险),专家研究显示两种主要的社会基本医疗保险参保人群的卫生服务利用不平等性存在差异[①],这种差异体现了卫生服务与资源占有的差异。一项医疗保险制度是否会改变健康平等的分人群研究,显示了未成年人健康利用存在着不平等,新农村合作医疗制度加剧了未成年人健康不平等现象[②]。在分性别的研究中,社会保障制度也存在着一定不平等现象,研究显示社会保障收益对女性社会保障替代率很重要[③]。女性因性别比较优势和生理特点,决定了其较多分担家务劳动并在社会市场化劳动中的参与率低于男性[④]。所以,在不同性别、不同年龄、不同参保对象中的研究,显示了社会保障政策在实施过程中存在着不平等的问题。

5.1.4　社会保障区域平等方面

在收入再分配中,我国东西部地区之间还存在一定的差距,地区内部的公平程度也并不相同,中部地区相对较高,东部和西部地区相对较低[⑤]。在基本养老服务中,我国存在着不平等的现象。研究人员通过混合多维不平等指数的度量与分解,分析 2011—2015 年地级市间基本养老服务的均等化情况,研究显示基本养老服务的横向不平等问题突出,以东部最为严重[⑥]。专家把这种不平等归因为政府责任的不完善,有专家指出基础养老金的全国统筹背景下,完善政府责任是保障社会成员公平享有养老保险权益的必

① 马桂峰,蔡伟芹,王培承,郑文贵,盛红旗,仇蕾洁,高倩倩,井淇,马安宁.我国不同社会医疗保险参保群体卫生服务利用不平等研究[J].中国卫生经济,2017,36(12):28 - 31.
② 彭晓博,王天宇.社会医疗保险缓解了未成年人健康不平等吗[J].中国工业经济,2017(12):59 - 77.
③ 王浩名.中国女性社会保障替代率变动影响因素贡献度与脉冲响应实证分析——基于混合回归分解和 VAR 的检验[J].经济研究参考,2015(44):62 - 70.
④ 江波.论家庭与社会保障互补:女性两种就业方式与人的发展选择[J].改革与战略,2017,33(11):47 - 52.
⑤ 孙敬水,赵倩倩.中国收入分配公平测度研究——基于东中西部地区面板数据的比较分析[J].财经论丛,2017(02):18 - 27.
⑥ 白晨,顾昕.中国基本养老服务能力建设的横向不平等——多维福祉测量的视角[J].社会科学研究,2018(02):105 - 113.

然选择[①]。

以上研究主要围绕社会保障平等权利展开,从社会保障制度的平等价值理念到社会保障项目、区域、人群之间的平等观察,对于推动社会保障制度的建设与发展,保证收入再分配制度的顺利实施,乃至整个公共资源的调配与整合起到了积极作用。但是也应当看到在社会保障的人群平等中,性别平等作为其中的一个重要的方面,对于公共资源配置的公平与效率不容小觑。尤其是公共资源配置、公共财政的支出,乃至整个收入再分配的实施中,如何评估社会保障政策实施的性别评估,是一个不容回避的问题。然而我国地方政府社会保障政策实践中,缺乏有效的性别评估,使女性在生育、家务、养老、就业方面承载着过多的压力,降低了男女平等国策的实施效果。如何根据新时代社会经济发展要求,将性别平等国策纳入地方社会保障政策实践中,已成为亟须解决的现实问题。上海是中国最早的工业化城市,女性家庭地位较高,早在 2011 年上海市《贯彻实施中国妇女儿童发展纲要评估报告》,显示上海女性发展水平已接近世界中等发达国家的平均水平。鉴于此,本章以上海社会保障政策实践为例,探究地方社会保障政策中性别视角纳入的工作机制及实践策略,为加强地方社会保障体系建设提供参考。

5.2　上海市社会保障政策实施中性别平等分析

为了更好分析上海市社会保障政策及其在实施过程中的性别平等状况,从三个方面展开研究:一是从地方政府政策入手,研究上海市已颁布实施的社会保障政策,进行政策文本解读,发掘文本中性别不平等内容;二是通过访谈形式,走访宝山顾村镇、松江洞泾镇、长宁天山路街道等妇联组织基层负责人和部分妇女代表,从基层工作者层面,了解地方社会保障政策实施情况;三是运用结构化问卷,调查上海市全区 451 位女性劳动者,分别从养老服务、医疗保险、生育保险、劳动保护、就业促进、社会救助等方面了解其对地方社会保障政策的认知、满意与需求状况。

5.2.1　地方社会保障政策文本中无明显性别歧视条款

依据"中国上海"(上海市政府官方网站)数据资料显示,上海社会保障政策共分为:卫生、医疗卫生、民政、劳动、人事、社会保障、社会福利、特色群

---

① 邓大松,贺薇.通往公平分配之路:基础养老金全国统筹中的政府责任分析[J].西藏大学学报(社会科学版),2018,33(03):187-191.

体权益保护等八个类别,共 140 项政策文本,具体各项政策主要数目如表 5.1
所示。

表 5.1　上海市社会保障政策类别及数目分布

政策类别	卫生	医疗卫生	民政	劳动	人事	社会保障	社会福利	特殊群体权益保护
项目数量	9	20	10	22	20	31	10	18

　　根据性别相关原则,对可能涉及男女性别平等的社会保障政策,从养老、医疗、生育、工伤、失业等维度筛选政策,进行文本比对研究,选取政策如表 5.2 所示。

表 5.2　上海市社会保障重点政策汇总表

时间	名称	备注
2010 年 12 月 20 日	上海市城镇职工养老保险办法(修订重新发布)	1994 年 4 月 27 日实施
1997 年 12 月 19 日	上海市农村社会养老保险办法(修正重新发布)	1996 年 1 月 15 日发布
2014 年 10 月 1 日	上海市城镇生育保险办法(新政策)	
2009 年 3 月 30 日	上海市城镇生育保险办法(第二次修正)	2001 年 1 月 10 日发布
2013 年 10 月 14 日	上海市职工基本医疗保险办法(修正重新发布)	2008 年 3 月 28 日发布
2008 年 1 月 1 日	上海市城镇居民基本医疗保险试行办法	
2010 年 12 月 20 日	上海市工伤保险实施办法	2004 年 6 月 27 日发布
2010 年 12 月 20 日	上海市社会救助办法(修订重新发布)	1997 年 1 月 1 日实施
2010 年 12 月 20 日	上海市女职工劳动保护办法	1990 年 9 月 21 日发布
1998 年 8 月 18 日	上海市老年人权益保障条例	
1999 年 2 月 5 日	上海市失业保险办法	

数据来源:根据上海市政府网整理。

　　文本研究发现上海市规定男女双方享受同等社会保障政策覆盖和待遇水平。在养老、医疗、生育等社会保险项目中,劳动者皆有权根据工作收入的高低和同等的缴费比率,缴纳社会保险金,依据社会保险费缴纳数额,享

受相当水平的社会保险项目给付,如《上海市城镇职工养老保险办法》第二十条规定,"在职人员应当缴纳养老保险费","达到国家、本市规定的退休年龄,按规定缴纳养老保险费,连续缴满 15 年,办理相关手续即可按月领取养老金";在《上海市社会救助办法》第一条规定"上海市以帮助个人或者家庭克服生活困难为目的",依据上海居民的实际收入水平确定救助标准,给予必要的物质帮助。在政策文本比对中,并没有发现社会保险标准和救助标准具有性别差异。可以初步认为上海市社会保障政策文本中,并不存在显性的性别不平等条款。

为更好地了解上海女性对社会保障政策的实施效果,课题组进行了抽样调查,收集了全上海 451 位女性对社会保障政策实施的效果评价,具体调查对象的职业分布如图 5.1 所示。

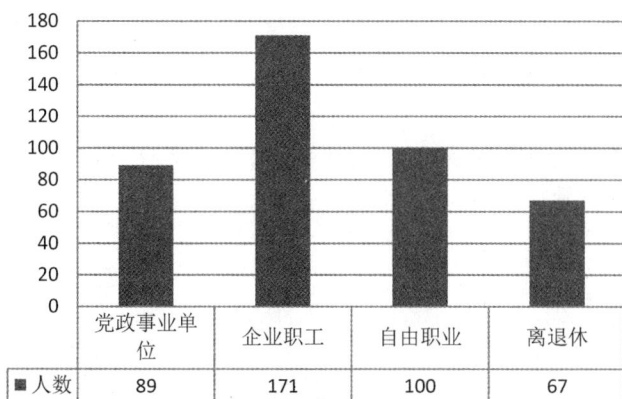

	党政事业单位	企业职工	自由职业	离退休
■人数	89	171	100	67

图 5.1　调查对象的职业分布图

由图 5.1 可知,调查对象的职业分布较为合理,基本上覆盖了党政事业单位、企业单位、自由职业和离退休的女性群体,具有很好的职业分布。

5.2.2　上海女性对社会保险政策的性别平等满意度较高

从上海市女性问卷调查结果可以看出,大多数上海女性对社会保险政策中性别平等满意度较高。养老保险政策调查,如图 5.2 所示。

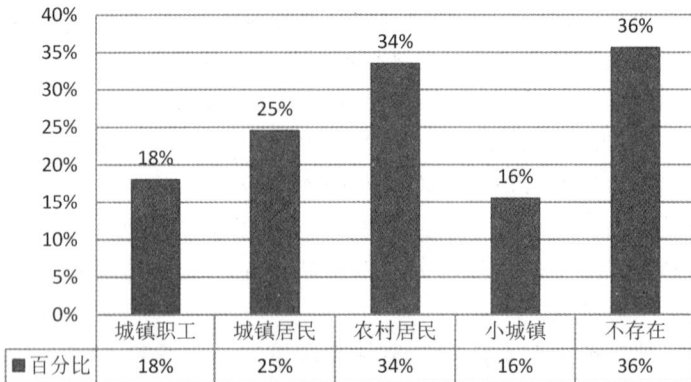

图 5.2　基本养老保险政策是否存在性别不平等的评价

　　由图 5.2 可以看出,只有 18% 的女性认为城镇职工基本养老保险中存在着性别不平等,25% 的女性认为城镇居民养老保险存在性别不平等,34% 的女性认为新农村养老保险存在性别不平等,16% 的女性认为小城镇养老保险中存在着性别不平等。

　　对比基本养老保险政策的性别评价,医疗保险政策评价的结果极为相似。如图 5.3 所示。

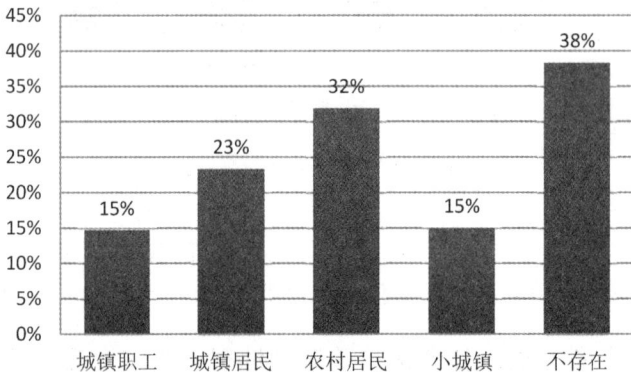

图 5.3　基本医疗保险政策中是否存在性别不平等的评价

　　由此可以看出,在城镇职工基本医疗保险、城镇居民医疗保险、新农村合作医疗保险、小城镇医疗保险性别平等的不满意率依次为:15%、23%、32%、15%。这说明至少有超过 60% 以上的受访女性认为上海市社会保险政策实施中,性别歧视问题并不十分突出。通过对基层妇联负责人的走访得知,上海男人爱护老婆的形象广为人知,女性家庭地位较高,无论是就业还是从事家务劳动往往都能够获得较高的家庭支持。可以初步认为上海市社会保障政策实施效果获得了大多数上海女性的认可,较好地保障了上海在职女性的权益。

5.2.3 上海女性对福利救助政策无明显的不公平认知

福利救助政策主要是针对老人、女性、贫困者等特殊人群设置的社会保障项目,女性对该类政策实践的感知状况,直接影响到女性社会地位。为了弄清楚上海女性对于社会保障各项目实施中,是否存在着性别平等问题,课题组分别从养老服务、医疗保险、生育保险、劳动保护、就业促进、社会救助等社会福利与社会保障重点政策的实施情况进行了实证调查分析,分析结果图 5.4 所示。

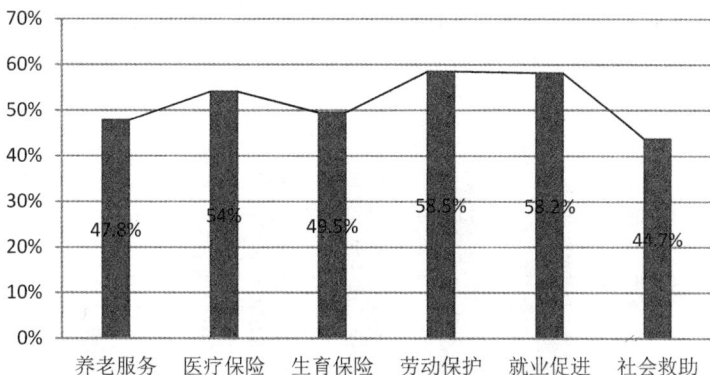

图 5.4 社会保障系统中重点政策的性别平等认知

47.8% 的受访对象认为养老服务政策中存在着性别不平等,49.5% 的受访对象表示生育政策中存在性别不平等,44.7% 的受访对象认为社会救助中不存在性别不平等现象。正反双方对此问题的回答较为接近,说明上海市社会保障政策中性别倾向认知不明显。专题调研中,基层妇女代表对于生育保险政策总体满意度较高,尤其《上海市城镇生育保险办法》第十四条规定:"符合计划生育晚育条件的,增加一个月的生育生活津贴",在调研中妇联代表反映,生育保险中对于高龄妇女延长生育假,是对妇女的一种保护。

5.2.4 上海女性对劳动就业政策存在着明显的不平等认知

由于上海女性就业率较高,收入较为稳定,也能够享受到社会保险政策和单位补充保险政策覆盖,很多单位甚至为女性举办了基本社会保险之外的补充养老保险、补充医疗保险,两性拥有同等社会保障权利,不仅如此,不少单位的工会、妇女组织专门为女性设置了免费的妇科检查项目。对劳动保护政策调查显示,上海市女性认为当前还存在着一些不利于女性就业的劳动政策。如图 5.4 所示,58.5% 的受访女性认为劳动保护政策对女性不利,存在着性别不平等,58.2% 的受访女性认为就业促进政策中存在着性别不平等。由此不难看出,相比较其他社会保险政策,就业促进政策、劳动保护政策女性反馈具有一定的偏向。

5.2.5　上海女性希望获得更多的社会保障政策倾斜

为了了解上海女性对关乎女性切身利益的政策态度,调查组分别从男性家庭分工、养老服务政策、两孩政策支持、延迟退休政策等方面展开了倾向性调查。设赞成和不赞成两个选项,赞成选 1,不赞成选 0,均值越接近于1,表示越多的人选择了赞成,均值越偏向于 0,表示越多的人不赞成,而均值趋于 0.5,表示对这个问题的回答倾向性不明显。如图 5.5 所示。

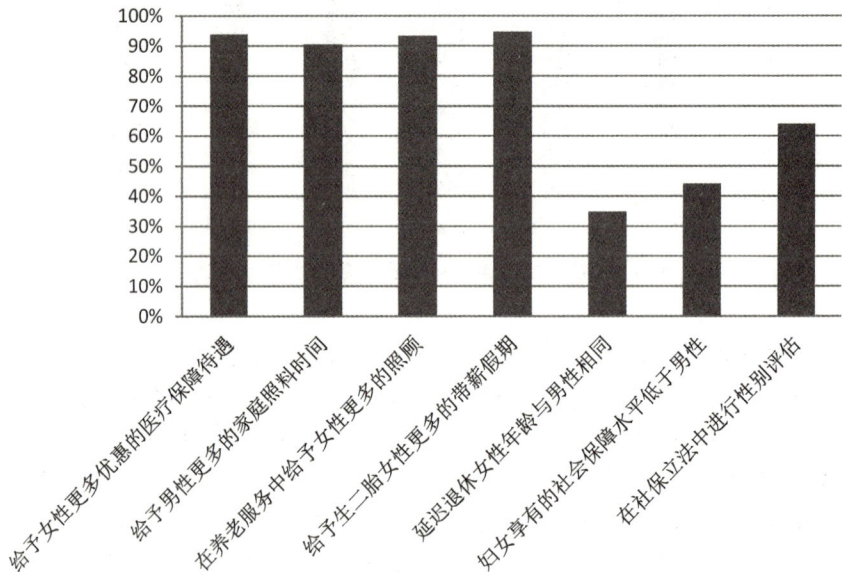

图 5.5　社会保障政策需求的倾向性调查

其中,"给予女性更多优惠的医疗保障待遇""给予男性更多的家庭照料时间""在养老服务中给予女性更多的照顾""给予生二胎女性更多的带薪假期"这四个政策调查的均值都接近于 1,也就意味着,女性在这四个问题中的倾向较为明显,进一步说明上海女性希望能够在医疗保障政策中享有更多性别待遇。在家庭分工中,女性希望能够通过政策给予男性更多的家庭照料时间,养老服务中能够给女性更多的照顾,给予生"两孩"的女性更多带薪休假。基层妇女代表的访谈结论与问卷调查结果吻合。

5.2.6　教育水平与延迟退休年龄的倾向度成正比

近年来延迟退休政策似乎箭在弦上,其中一个方向就是将女性退休年龄延长至与男性相同,课题组调研了女性对延迟退休年龄政策的评价,如图 5.6 所示。

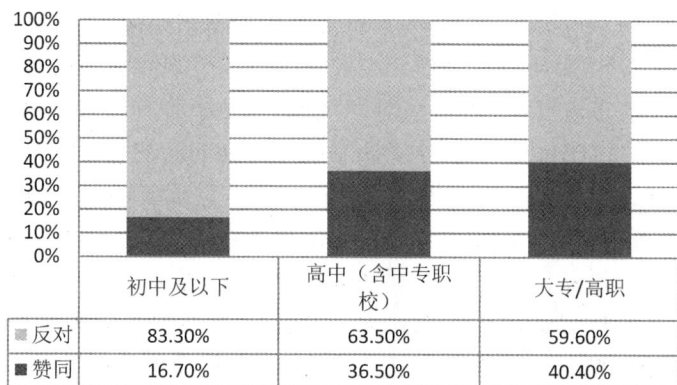

	初中及以下	高中（含中专职校）	大专/高职
反对	83.30%	63.50%	59.60%
赞同	16.70%	36.50%	40.40%

图 5.6　教育水平与延迟退休年龄交叉分析

从图中可以看出,大多数受访者反对延迟退休年龄与男性相同,65.2%的受访对象对延迟政策持否定态度。以不同教育程度观察统计,教育水平越高的女性,对于延迟退休年龄政策的容忍度越高。只有 16.7% 初中以下文化程度的女性赞同延迟退休,40.4% 大专以上教育水平的女性赞同延迟退休。尽管女性希望社会能够提供必要的帮助,也希望能够通过自身努力克服生活的困难,实现自身价值。但是,工作和家庭的双重压力使得上海女性更多偏向于提早退休,以便安心地从事家务劳动。尤其是独生子女一代的女性,更多的祖母还希望能够通过提早退休,帮助子女照顾孙辈,实现隔代照顾。

5.3　上海市社会保障政策实践中性别不平等问题

通过对上海社会保障政策文本分析,将问卷调查和街镇基层妇联负责

人访谈的结果进行对比分析,发现当前地方社会保障政策实践中的性别不平等存在如下问题:

5.3.1　生育保险覆盖范围有限,二孩政策缺乏性别评估

在人口快速老龄化的背景下,我国老年人口抚养比上升,为了适应这一变化,我国放开独生子女政策,陆续出台了单独两孩政策、全面两孩政策。地方政府也出台了相关实施细则,由于人口政策松动的同时,缺乏有效的政策配套,使得女性面临着更大的就业压力。

首先,生育保险仅限正规就业,导致女性权利受损。由于我国在城镇女性职工和城乡女性居民之间实行着不同的生育保险政策,前者被纳入社会保险制度覆盖,后者只能享受城乡居民养老保险与居民医疗保险,生育保险尚未纳入城乡居民社会保险系统。究其原因不难发现生育保险实行单位缴费原则,对于非正规就业的城乡女性居民而言,由于没有固定的单位承担缴费义务,所以,这部分群体的女性无法享受生育期间的产假、抚养假、生育津贴的补偿,导致了她们无法获得生育补偿。这一点从天仙路街道和泗泾镇的调研对比可以看出。由于天仙路街道所辖人口主要是自住居民和外来白领租客,辖区内的女性以从事正规就业劳动为主,能够享受到生育保险政策,对生育保险制度较为满意,对比而言,在泗泾镇辖区外来人口众多,其中有一个居委的外来人口占全部居住人口的90%,从事着非正规就业,生育保障权利缺失严重。即使从事正规就业的工厂女工,有的单位也没有为其缴纳生育保险,这类女性的生育保障堪忧,女性劳动权利难以有效维护。

其次,生育新政出台,凸显生育保险制度性缺陷。为了应对人口老龄化社会,上海市2014年推出生育保险新政,并且明确规定"计划内二胎不享受晚育假"。从调查中可以看出,大多数符合条件的家庭没有生二孩计划,基层妇女代表表达了对新制度的不满,认为生育政策本身就是以牺牲职业生涯为代价的,地方政府应该提供更多的政策支持。西方学者伽西(Gash V.)展开的多项跨国研究显示,结婚、生子和抚育子女这些关键性时间节点,也是女性最可能发生职业中断的时间节点。家庭生命周期的框架下形成了独特的女性就业模式,有学者形象地称其为"妈咪轨迹"(Mommy Track)。从怀孕开始到孩子3岁进入幼儿园,至少需要4年时间,普通的职业妇女可能要面临5～8年的职业困顿期,如果生育两孩,将使得女性职业困顿期延长,女性在工作搜寻或职业发展中都备受歧视。

最后,育婴假仅限女性,导致了男性抚养责任缺失。上海市生育政策存在着隐含的性别不平等现象。尽管上海市规定女性拥有生育假期,并且可

以根据晚育的条件,延长领取晚育津贴的时间。但是,上海市生育保险制度中并没有涉及男性育婴责任的规定,实际上在子女出生时,男性是否享有假期,照顾待孕妇女和新生婴儿,这也是男性抚养责任的体现。根据上海政府最新修订的《上海市人口与计划生育条例》第三十一条规定,男性可以享受10 天的陪产假,专题调研显示,尽管一些单位允许男性有几天的陪护假期,但是相对于漫长的育婴过程,就显得有点微不足道了。父母假缺失,实质是政府对家庭育儿支持不足。

造成这种缺失的原因至少有两个:一是“家庭化”儿童观导致政府育儿责任缺失;二是我国“残余福利型”的儿童福利模式导致国家对普通儿童的福利支出不足。养儿防老既然是一种家庭美德,那么,育儿的直接受益对象自然就是孕育子女的父母,无论是在上海还是在其他地区,家庭承担了育儿的主要责任。男性没有育婴假期,也就意味着女性需要承担更多的孕育子女的责任,这在一定程度上造成了整个社会的男性抚养责任缺失。

5.3.2　传统观点制约养老服务发展,家庭照护政策尚待完善

一方面,养老金“缴费年限”关联导致保障水平存在性别不平等。上海市从 1993 年起实行社会统筹与个人账户相结合的“现代养老保险制度”,在男性就业率、工资收入高于女性的情况下,上海养老金采取了与“缴费年限”关联的模式,即缴费年限越长,退休金越多。如《上海市城镇职工养老保险基本办法》规定,新政策实施后参加工作的人员,其退休后的养老金计算公式为:

个人月领社保退休金＝上年度上海市职工月平均工资的 20%＋个人账户养老金(个人每月缴纳的养老金＋企业为职工缴纳养老金划转个人账户部分＋滚存利息)/120。

由于“缴费年限”和工龄挂钩,按照我国退休政策平均女性要比男性提早五年退休,女性的养老待遇也较男性低。对在职期间就业率和工资收入都较男性低的女性来说,过早退休的政策,加剧了两性之间退休金水平的差距。

另一方面,社会保险制度与长期照顾制度在家庭性别分工上存在冲突。传统的社会分工或角色使妇女在劳动就业中处于不利地位。调查显示,女性在完成工作的同时,还需要照顾双方父母共四位老人。妇女对家庭、照顾孩子、照料老人有巨大的责任,导致了她们在劳动力市场上的弱势地位,从而在与劳动力市场相关联的社会保障领域也处于弱势地位。传统家庭模型中,男性承担着赚钱养家职能,女性承担家庭照顾职能。在劳动力市场上男

性享受着优先的待遇;女性对男性的依赖也体现在其福利的获得需建立在男性作为经济来源的基础之上。该类社会政策中,女性一般会选择在家照顾儿童与老人,政府以家庭为单位给予女性社会保险待遇。现代家庭模型中,基于男女平等的国策,两性在家庭中共同分担赚钱者和家庭照顾者的角色,与收入、就业相关的劳动力市场中体现男女平等,两性分别以个体为单位,相对独立地接受福利和分享贡献。该类社会政策中,儿童和老人的照顾采用社会化的机构照顾,呈现出"去家庭化"的特征,这样女性和男性皆需参加工作,才能获得相关的社会保险权益。

造成养老服务性别不平等的原因如下:

(1)"老年人视角"有余,"照料者"及性别平等的视角缺失。现行养老服务政策的制定,往往就老年人谈老年人,缺乏对老年家庭照料者的关注,更缺乏社会性别的视角和敏感度。

(2)"责任取向"有余,"权利取向"不足,对女性照料者所做贡献缺乏价值认同。从本质上讲,公共政策是对社会公共需求的应对,其产生与发展体现了政府的执政理念和社会的主流价值。女性主义经济学者认为有偿劳动与无偿照顾劳动的性别分工是社会构筑的,妇女照顾家人的责任是限制她们参与家庭以外的经济、社会和政治活动导致社会性别不平等的主要原因。

(3)过分依赖家庭和市场,政府的公共服务资源投入不足。改革开放后,政府设计和实施的多项与养老服务相关的政策改革,一方面把责任推向家庭,另一方面坚持了以市场导向为主的改革方向,家庭照料尚未纳入政府公共服务的范畴。

5.3.3 就业保障中存在着隐形的性别不平等

首先,生育女性压力更大,就业保障中隐含着性别不平等条款。《上海市失业保险办法》第十条规定失业人员领取失业保险金的必备条件之一是"非因本人意愿中断就业",事实上,这一规定也存在男性标准的假设。因为男性既不存在怀孕导致难以胜任工作的问题,也不存在为了胎儿的健康而必须脱离有毒有害工作环境的问题。尽管失业保险中没有关于性别差异的条款,但是单身母亲数量越来越多,兼顾孩子和老人的照顾责任,家庭负担较重,劳动力市场地位较低,重新就业的压力更大。有很多女性为了保住职业和工作岗位,选择了不结婚或者不要小孩,这其中很多女性被称之为社会的女强人、劳动模范,有些甚至进入了较高级别的领导岗位,但这部分女性在做出卓越工作贡献的同时,也给家庭生活留下了种种遗憾。

其次,社会保障与就业关联,女性就业更不稳定导致保障水平偏低。女性因为家庭原因离开了工作岗位,全面从事家务劳动如照顾老人和小孩。一旦老人离世,小孩长大,试图重新回到工作岗位,那么,原有劳动技能难以满足知识更新需要,而女性长期从事家务劳动的优势又未受到重视,在就业中往往处于不利地位。调查显示,由于工作岗位的限制,社会自然地把人分为三六九等,传统观点认为服务性行业属于简单体力劳动,没有很高的社会地位,家务劳动的社会认可程度低,从事此类工作的女性不得不接受较低的收入水平;同时,由于此类工作岗位吸引力低,很难吸引到优质女性,导致更多女性不得不自己从事家务劳动。这不仅不利于女性享有平等的劳动报酬的权利,更加不利于整个社会服务水平的提升。家政服务市场不健全,家政服务内容还停留在低质量的烧饭、清洁等方面,高质量的家政服务市场如育婴、教育陪护、老年护理等费用较高,普通居民难以企及,女性被迫牺牲就业机会来照顾家庭。

最后,工伤保险未进行性别评估,女性职工劳动保护不足。工伤保险的定义是,当职工在工作中或因公引发的特殊情况下遭受意外或职业病,暂时或永久丧失劳动能力甚至死亡,职工或其遗属可获得国家和社会提供的物质帮助。《上海市工伤保险实施办法》第十四条给出了工伤认定范围,第十五条给出了视同工伤范围。这一认定对男女两性的性别差异考虑不足,忽视了女性需要孕育下一代的特殊性。有研究发现,婴儿在胎儿时期因受到辐射等不良影响而致畸、致残的发生率很高,但这些辐射等给母体造成的不良影响却很难被察觉。某三甲医院的女护士科室连续多名女性流产,深入调查发现,其原因和工作环境、工作压力不无关系。

造成就业保障中性别不平等的原因主要有:一方面,没有把男女双方性别平等的理念贯彻到整个失业保险、工伤保险中去,另一方面,政策制定中缺少了女性对于家务劳动贡献的认可,加重了女性同时面对家庭、工作的双重压力,这种家务劳动社会化过程的缓慢,也减少了女性走出家庭和男性同台竞争的机会。

5.4　上海市政府社会保障政策性别视角嵌入的机制与流程

5.4.1　价值确立:发现女性家务劳动贡献

性别平等的理念需要价值引领,给予女性更多的家庭支持是承认女性在社会、工作中扮演的重要作用的前提。习近平(2015)指出男女共有一个世界,消除对妇女的歧视和偏见,将使社会更加包容和更有活力。首先,要发掘传统家庭文化的传承机制。古有岳母刺字劝儿精忠报国,乐羊子妻断机劝夫,无不体现了女性的家务劳动价值;其次,要结合西方女性权利运动的传导机制,反思生育权、产假、薪资平等等基本权利,要把女性生育权、就业权与女性在家庭中的责任和权利结合起来;其三,把当代女性特色融合到地方社会保障政策实践中去。社会保障是社会安全网、稳定器,把性别平等的理念体现在制度设计、修正的全过程中来。

5.4.2　责任划分:确立多方主体激励机制

职责明确是激励目标也是激励基础,在社会保障领域要明确界定社会保险、家庭保障、政府救助、个人福利之间的关系。首先,完善初次收入分配的激励机制,无论是家务劳动还是社会劳动都应该得到与之对应的有偿回报,尽管不能分割男女双方的家务劳动和社会劳动贡献,但是就家务劳动而言却是可以通过市场化实现的;其次,既然一个家庭的社会劳动和家务劳动可以捆绑在一起,那么,以家庭为单位分享社会保险账户似乎也成了可供选择的路径。让从事家务劳动的女性分享到社会劳动的收益,不仅没有模糊了个体的责任,而且更多的肯定了女性对于家庭内部的贡献,增加她们从事家务劳动的积极性;其三,地方政府明确公共服务资源投入的责任,不是把养老、育儿等服务简单的推向市场,而是承担其应有的家庭帮扶职责,地方政府对于特殊群体(单亲母亲、失独家庭)的照护同样有着义不容辞的责任。

5.4.3　法律制定:嵌入性别平等评估机制

在地方社会保障政策实践中要做好性别评估,客观评估现有地方性法律法规和政策措施对妇女发展和性别平等的影响,抓住法律法规和政策措施制定、修订及实施的契机,及时提出可操作性的对策建议。围绕《中国妇女发展纲要(2011—2020 年)》提出的妇女平等享有劳动权利、平等享有社会保障目标。通过加强妇女社会保障法制建设,贯彻落实社会保险法,制定配套法规,为妇女普遍享有生育保险、医疗保险、养老保险、失业保险和工伤保险提供法制保障。从源头上维护妇女权益和促进性别平等,不仅顺应了历史发展的潮流、有利于促进男女实质平等,更有利于增强地方立法的可操作性、有利于消除性别歧视,使广大妇女得实惠、普受惠、长受惠。用性别评估的视角来审视地方社会保障政策,主要是看这项政策能否对男女两性进行平等的赋权,能否使两性从中公平获益,能否对性别弱势群体给予足够的保护,并且是否有利于推进社会性别平等。

5.4.4　政策实施：建立政策实施反馈机制

任何社会制度的发展大多经历了初创、建立、完善、发展等多个阶段。上海市在社会保障制定和完善的过程中，需要结合地区实际，根据基层妇女和妇女代表的需求，适当调整各项政策内容。政策供给和商品供给类似，也存在需求导向的问题，如果一项政策能够满足于制度主体的需求，那么这项政策将能够有效地运行下去；如果一项政策不能够满足制度主体的需求，高于或者低于制度主体的需求，就会造成制度供求关系的失衡，该项政策的执行也会面临着阻碍。所以，社会保障政策的完善和发展需要建立起反馈机制。地方政府只有建立良好的政策实施反馈机制，认清楚制度主体的需求，才能制定出更好的政策来满足它。

5.5　完善上海市社会保障性别平等政策的实践策略

既然女性是因为承担了过多的生育、养老等家庭责任而影响到社会保障性别平等的，那么政策完善的抓手，就应该立足家庭、依托社区，同时处理好政府与市场的关系。

5.5.1　推行家庭为中心的政策支持系统

第一，改革家庭政策，承认家务劳动的贡献。政府在崇尚家庭美德的同时，应该给予男女双方的家务劳动以更多的肯定和支持，除了完善家政服务市场，提升家政服务的品质，更需要引导家务能力强的女性从事市场化的家务劳动，并给予合理的绩效评价和薪酬指引。如长宁区的优秀伉俪、优秀媳妇的评比，无疑有助于让从事家务劳动的女性找到价值认同。但更为重要的是要让这种认同产生生产力，让更多优秀家庭、优秀媳妇、优秀伉俪能够现身说法、亲自示范，在小区形成良好的家庭氛围，在弘扬和谐家庭理念的同时，得到更多的经济激励。

第二，改革生育保险制度：分别建立产假和育儿假。即使男性不应该有产假（陪护假除外），但是男性应该在育婴上有着不可推卸的责任，一方面，在保护生育权上，一定要分清生产子女与抚育子女的关系。另一方面，应该借助国际经验把育儿假看成是政府家庭支持计划的一部分。如瑞典法律规定，凡工作的父母每生育一个子女都享有 16 个月（480 天）的带薪产假，费用由国家和雇主分摊。在挪威父母双方总共可以休育儿假 47 周，拿全额工资；也可休 57 周，拿原来工资的 80%，全部费用都由国家承担。尽管当前很多地方政府提供的福利状况,还不能完全做到像挪威、瑞典一样高的水平,但是给予男性育婴权无疑是社会进步的标志,未来发展的方向。

第三,在城乡居民社会保险中设立生育保险。建议凡是符合国家规定生育条件女性,都可以享受生育保险,这样才能切实保障女性的生育权利。对于鼓励创业、灵活就业的政策而言,提供生育保险的制度支持,才能从根本上解决创业女性的后顾之忧。考虑政府对到城乡居民社会保险有一定的补贴,其举办性质具有一定的福利性,其目的是为了规避养老、疾病风险,随着社会的进步,在崇尚家庭生活的背景下,也需要为城乡居民建立起生育保险或者福利。建立初期,可以根据家庭原则,只要家庭成员有固定的单位,缴纳了城镇职工基本社会保险,皆可以获得生育保险政策支持。地方政府应该将生育保险制度,逐步推广到自由职业家庭、创业家庭、外来务工女性中,体现社会进步,政府以人民为中心的工作指引。

第四,建立遗属基本养老保险。作为女性家务劳动贡献的认可,乃至整个家庭建设的一部分,亟须建立起整个家庭政策体系,并做好与社会保障体系的衔接,地方政府除了按照一般要求推进社会保障制度建设外,更需要把家庭政策融入人口政策、地方社会保障政策的实践中,从而构建以家庭为中心的社会保障和社会福利系统。在社会保障体系中建立遗属基本养老保险,用制度化的方式替代临时性的津贴和救济,保障因配偶去世而丧失收入来源的老人不会因此陷入贫困,解决低收入贫困老年女性的养老问题。遗属基本养老保险以家庭关系为纽带,体现了男女双方家庭协同贡献,可以把家庭成员参加社会保险,作为遗属基本养老保险享受的前提条件。

5.5.2　打造市场为中心的家庭服务平台

政府需要依据市场之手,提供特殊就业援助政策,改善女性薪酬水平和社会保险保障水平。首先,政府要利用互联网＋促进家庭服务市场的发展,优化供方的服务结构,提升供方的服务水平,除了提供较为普遍意义上的服务,如做饭、清洁、陪护等,更需要育婴、子女教育陪伴、业余兴趣陪伴等家政服务,还需要通过打造优质的家庭服务平台,把愿意从事家务劳动,具有家务劳动优势的女性吸引到家庭服务市场中来。其次,扩大家政服务培训的内容,具体可以更加细致地将子女教育、婴幼儿陪护、老人护理等纳入到家政服务的培训系统,地方政府对受训人员进行培训补贴和给予生活津贴,激励家政从业人员提高服务能力和服务水平。再次,政府应该鼓励家庭服务需求方购买服务,通过社会福利的形式,发放家政服务券,给予家政服务的供方补贴和支持,培育高效、优质的家政服务市场。最后,政府可以逐步打通城镇职工基本社会保险和城乡居民基本社会保险之间的界限,探索以家庭为单位享受基本社会保障的资格,解决社会保障由于社会分工之差导致的保障水平差距的问题,对于有一方在固定单位工作的家庭,可以建立统一的基本社会保险收支模式,为最终过渡到全面基本社会保险创造条件。

5.5.3 构建社区为中心的终端帮扶系统

社区是社会保障政策最后实现的场所,无论是家庭养老还是社区居家养老,对于老年人群照料都离不开社区的支持,而子女教育、就学接送也与社区工作息息相关,应该加强社区终端帮扶系统的建设,具体包括:第一,结对子解决老人帮困问题。居委会作为基层社会自治组织,应把实现社区居民的权利作为主要任务,长宁区通过年轻老人和年长老人结对子的形式,充分给予社区老人以帮助。在养老服务的供给中,社区终端帮扶尤为重要,可以通过老年护理银行等办法解决年长老人的生活照料问题。第二,动员社会力量协助家庭子女教育。利用社区已有的教育力量,帮助解决子女的教育陪伴问题。将社区中愿意从事子女教育服务的中老年人、全职妈妈等,有志于从事社区劳动的社区成员,引导到社区家庭的学龄前、学龄段内教育中来。通过社区搭建帮扶平台,结成教育帮扶队伍,既减少了女性的家务劳动时间,又弘扬社区邻里和谐的文化氛围。第三,加大社区家政服务队伍的培训和指导,对于社区亟需的家政服务内容,可以通过区内人员之间的交流平台如手机、电脑,综合应用在线交流与线下帮助方式;对于想要从事该类家政服务的女性,居委会应该通过介绍工作、引入专家讲座,培训家政规范等方式,关注家务劳动女性的职业发展。

第 6 章

市民健康基层守护：家庭医生制度实施效应研究

6.1 引言

社区公共卫生服务面向基层,具有广泛性和基础性等特点,是健康中国实现不可或缺的前提条件和根本保证。十九大报告中,习近平同志提出了实施健康中国的战略部署,并明确指出要"加强基层医疗卫生服务体系和全科医生队伍建设"。家庭医生是基层社区健康维护的守门人,随着家庭医生制度的不断完善,家庭医生在基层公共卫生资源的分配能力也将进一步加强。一方面家庭医生能够对社区居民给出预防、诊疗、转诊方面的建议,影响着公共卫生资源的占用状况;另一方面,家庭医生自身也掌握着一定量的公共卫生资源,其收入的来源、设备的使用、全科医生人才建设资源投入等,也是公共卫生资源配置的重要组成部分。2011 年国务院出台了《关于建立全科医生制度的指导意见》[①],同年 4 月起,上海市在闵行、长宁、静安、徐汇等 10 个区启动了家庭医生制度试点。2013 年上海市正式发布《关于本市全面推广家庭医生制度的指导意见》(《意见》)[②],据测算到 2013 年末上海市共有 70% 以上的社区卫生服务中心推行了家庭医生制度。2016 年国务院医改办等七部门联合制定《关于推进家庭医生签约服务的指导意见》确立了到2020 年签约全覆盖的目标。当前学术界围绕家庭医生签约与供给能力、家庭医生与基层健康关系、家庭医生制度与实践等方面做了大量有益的探讨。

6.1.1 家庭医生签约与供给能力方面

家庭医生制度一个最为主要的目标是制度全覆盖。但是,就目前来看,

---

① 国务院关于建立全科医生制度的指导意见[Z].2011.
② 上海市政府.关于本市全面推广家庭医生制度的指导意见[Z].2013.

签约家庭医生的供需结构还尚未平衡,一方面家庭医生的数量难以满足签约需求,另一方面,家庭医生签约居民管理难度过大。基本医疗服务能力和公共卫生服务能力是家庭医生团队签约服务能力评价的首要指标[①],在分地区签约分析中可以看出,东部地区优于西部,东部以上海、山东最优,西部以青海、四川为佳[②]。在家庭医生签约效果方面,世界家庭医生组织采用PCOQ问卷调查分析后发现,该问卷具有较好的信度和效度,能够灵敏反映患者就诊后病情的改善情况[③]。研究显示,在城市远郊地区也还存在家庭医生紧缺、待遇偏低、服务半径大等问题[④]。经过对文献系统研究后发现,家庭医生签约服务系统内部存在的问题,排在前三位的依次是:家庭医生数量不足、素质能力不高以及设备药品配备不足[⑤]。多方面因素的叠加,造成了当前家庭医生服务还存在居民参与度低、政府责任不强、激励机制不健全等问题[⑥]。

6.1.2　家庭医生与基层健康关系

在基层健康服务对象方面,鉴于家庭医生在基层健康服务中的重要地位,家庭医生与居民关系密切,可能会在责任主体、生命健康、知情同意、隐私、财产等方面,存在服务患者的法律风险[⑦]。签约家庭医生直接面对居民的健康生活习惯,对病人的病情发展过程了解较多,在常见病、慢性病首诊、复诊中有着重要地位[⑧],由于制度的优势决定了家庭医生在慢性病管理中产

---

① 尚晓鹏,杨清,邱银伟,等.浙江省家庭医生团队签约服务能力评估指标体系构建[J].中国全科医学,2018(12):1-5.

② 李彤,朱继武,张秋.我国家庭医生签约服务的分析——基于横向对比与动态发展的视角[J].中国全科医学,2018,21(33):4041-4046.

③ Murphy m,Hollinghurst s,Cowlishaw s,等.世界家庭医生组织(WONCA)研究论文摘要汇编——全科患者就诊结局评估问卷:一种新型评估工具的信效度研究[J].中国全科医学,2018,21(21):2528.

④ 吴欢云,张伟东,吴菁,等.家庭医生责任制下城市远郊社区卫生服务模式的探索与实践[J].中国全科医学,2014,17(1):22-24.

⑤ 范转转,刘园园,杨倩,等.我国家庭医生签约服务存在的问题研究[J].卫生经济研究,2018(11):54-56.

⑥ 李莓.家庭医生式服务运行机制现状及对策研究[J].中国卫生事业管理,2015,32(4):253-254,281.

⑦ 于丽君,阚凯.论家庭医生服务中患方的法律风险与防范[J].卫生经济研究,2018(10):17-20,24.

⑧ 戴卫东,陈岑.家庭医生签约制度的分级诊疗效果研究[J].中国公共卫生,2018,34(07):1-5.

生积极影响,开展家庭医生服务可以提升分级诊疗制度的实施效果[①]。尽管随着家庭医生的引进,基层健康状况有了一定的改善,但是广大农村地区还存在签约居民对服务有效利用率偏低的问题[②]。依托家庭医生实现医疗费用管控有赖于健康管理,这还有很长的路要走[③]。

6.1.3　家庭医生制度与地方实践

在对地区家庭医生制度实施的调研中显示,当前家庭医生制度面临着人员补助、供需缺口大、签约率低、缺乏有效的激励和培训等方面的问题。上海长宁区的实证研究结果显示,社区居民对家庭医生服务的接受度较高,需求量较大[④]。一项基于湖北的实证调研也显示了家庭医生数量不足的问题[⑤]。除了数量因素,家庭医生的技术能力、服务的价格也是影响到地方家庭医生签约的重要因素,石家庄的一项调查显示,医生技术、签约满意度、服务价格等影响着居民的满意度[⑥]。一方面社区居民对于家庭医生的需求数量较大,另一方面,居民对于家庭医生的签约率却不高。如重庆的一项调查显示,重庆居民对签约医生的需求量也较大,但是签约率较低,主要需求集中在常见病和多发病[⑦]。家庭医生的需求、供给、签约状况,不仅取决于实际提供服务的家庭医生数量,还取决于家庭医生的服务范围和服务能力,有专家建议应该推广家庭医生制度,并进行有效的激励和培训[⑧]。

从以上研究可以看出,当前学术界主要从家庭医生签约状况、家庭医生供给能力、家庭医生制度几个地方的实践等方面做了理论与实证方面的研究,同时也不难看出家庭医生制度在社区首诊、逐级转诊,乃至整个基层社

---

① 刘梅,赵伟忠,陆海峰,等.邻里中心卫生单元对开展家庭医生服务的影响研究[J].中国全科医学,2018,21(31):3809-3813.

② 侯进,陆新建,蔡利强.农村社区家庭医生责任制服务效果评价与对策探讨[J].中国全科医学,2016,19(10):1137-1142.

③ 黄蛟灵,邱宝华,梁鸿,等.签约家庭医生对居民医疗费用的影响分析[J].中国卫生经济,2018,37(5):46-49.

④ 袁立,周昌明,江萍,等.上海市长宁区居民家庭医生制服务的需求情况调查[J].中国全科医学,2014,17(32):3860-3864.

⑤ 贺哲,邵飘飘,邵天,等.湖北省基于家庭医生视角的家庭医生签约服务开展影响因素及对策研究[J].中国全科医学,2018,21(28):3447-3452.

⑥ 王荣英,张金佳,赵稳稳,等.石家庄市社区居民对社区卫生服务的满意度及家庭医生签约现状调查[J].中国全科医学,2018,21(31):3896-3900.

⑦ 刘薇薇,侯莹,冯洁,等.重庆市家庭医生签约服务需求与签约现状研究[J].中国全科医学,2018(12):1-6.

⑧ 沈世勇,吴忠,张健明,等.上海市家庭医生制度的实施效应研究[J].中国全科医学,2015,18(10):1132-1137.

区健康维护中的地位。上海市不仅是经济体制改革的前沿阵地，更是社会治理改革的桥头堡，作为特大型城市公共卫生服务资源配置的重要内容之一，上海市确立了到 2020 年之前力争基本实现每个家庭与 1 名家庭医生签约的目标。上海引进全科医生制度的时间较早，有着扎实的家庭医生制度的试点基础①，在试点工作实施几年以来，家庭医生与签约居民之间已经建立起相对固定的卫生服务关系，积累了宝贵的经验，但也暴露了不少问题。签约居民作为家庭医生服务的对象，对家庭医生制度实施效果具有最直接的感受，了解签约居民的评价对于完善家庭医生制度、更好地满足居民的医疗需求具有十分重要的意义。本研究对上海市社区居民展开调查，着重了解居民对家庭医生制度的认知、动机、需求、行为、结果评价 5 个方面，旨在为上海市政府进一步完善家庭医生制度、推广家庭医生服务、实现《意见》所提出 2020 年的目标提供参考依据。

6.2　上海家庭医生实施状况的调查设计

6.2.1　调查对象

本研究重点选取 8 个区，分别在每个区选取 3 个街道，每个街道调查 40 名社区居民，预计发放问卷 960 份。采用分层随机抽样方法，根据主城区和卫星城区结合的原则，实际选定徐汇、静安、长宁、虹口、闵行、松江、宝山、浦东等 8 个区，在每个区随机选取 3 个街道，每个街道随机选取 4 个站点，最终共选取了 21 个街道的社区卫生服务中心（比预计少了 3 个街道），涉及 73 个社区卫生服务站点，采用单纯随机抽样方法选取在社区卫生服务机构接受家庭医生诊疗服务的社区居民，年龄为 18 岁以上、能够独立接受访谈的上海市户籍人口，共 844 人作为调查对象。如表 6.1 所示。

表 6.1　上海市家庭医生制度调查居民抽样分布表

区	街道	问卷数	区	街道	问卷数
虹口区	广中	30	宝山区	杨行	40
	江湾	30		高境	40
	曲阳	60		吴淞	40

① 余澐，张天晔，刘红炜，等.上海市社区家庭医制服务模式的可行性探讨[J].中国初级卫生保健，2011,25(10):7-11.

（续表）

区	街道	问卷数	区	街道	问卷数
静安区	曹家渡	40	松江区	方松	40
	静安寺	42		九亭	40
	南京西路	40		小昆山	40
浦东区	潍坊	40	闵行区	古美	40
	周家渡	40		江川	40
	大团	40	长宁区	江苏	40
徐汇区	徐家汇	40		北新泾	40
	康健新村	42	共计 8	21	844

　　844人的抽样分布情况如下：虹口区120人（广中街道30人、江湾街道30人、曲阳街道60人），静安区122人（曹家渡街道40人、静安寺街道42人、南京西路街道40人），浦东区120人（潍坊街道40人、周家渡街道40人、大团街道40人），徐汇区82人（徐家汇街道40人、康健新村街道42人），宝山区120人（杨行街道40人、高境街道40人、吴淞街道40人），松江区120人（方松街道40人、九亭街道40人、小昆山街道40人），闵行区80人（古美街道40人、江川街道40人），长宁区80人（江苏街道40人、北新泾街道40人）。

6.2.2　调查方法

　　于2014年7月上旬，采用调查问卷进行调查。依据上海市家庭医生制度施行的预期目标设定问卷，分别在上海市松江区和宝山区各选取两个街道社区卫生服务中心，对中心的负责人、签约医生团队代表、签约居民进行预调研，共访谈4名社区卫生服务中心负责人、20名家庭医生团队成员、80名签约居民，根据预调研和征集专家意见后形成正式的调查问卷。从居民对家庭医生制度的认知、动机、需求、行为、结果评价5个维度，考查上海市家庭医生制度的实施效应。调查问卷的主要内容包括：居民的基本情况；居民对家庭医生制度优惠政策、家庭医生提供服务内容的认知状况；居民签约家庭医生的动机；居民对上门服务方式、服务对象、服务形式、服务收费等的需求状况；签约家庭医生后居民的就医行为、预约行为、转诊行为等情况；居民对看病费用减轻、医患关系改善、签约服务满意度的评价等。本次发放问卷844份，实际回收844份，有效问卷844份，有效回收率为100.0%。

6.2.3　质量控制

本次调查的调研员均为本校社会保障专业研究生二年级学生,全部接受过系统的社会调查方法课程的训练。根据本次调查的需要,着重围绕家庭医生政策、家庭医生制度的实施概况、调研方式、引导用语、数据录入等内容,对调研员进行统一培训。为了保障调查问卷质量,严格控制调研员每日问卷的数量,每位调研员用 5 天时间,完成 40 份居民的问卷调研,要求调研员每天做不少于 500 字的调研总结。数据采取双人录入处理,交换核查,确保数据真实有效。

6.2.4　统计学方法

采用 EpiData 3.1 软件建立数据库并录入数据,采用 SPSS 19.0 统计软件进行统计学分析。主要采用描述性统计分析,计数资料采用 x^2 检验,等级资料采用秩和检验,以 $P<0.05$ 为差异有统计学意义。

6.3　上海市家庭医生制度实施效应及现状分析

6.3.1　社区居民的基本情况

调查问卷从性别、年龄、教育程度、婚姻状况、职业、收入、医疗保险等方面入手,对上海市社区居民的基本情况进行了调查。具体状况如下:

调查对象中男性 39.7%(335 人),女性 60.3%(509 人);66 岁以上为48%(413 人),61~65 岁为 16.5%(139 人),56~60 岁为 10%(84 人),46~55 岁为 9.1%(77 人)45 岁以下 15%(126 人);教育程度中,小学为 13.4%(113 人),初中为 24.1%(203 人),高中或者中专为 32.8%(277 人),大学(含大专)为 26%(224 人),研究生为 0.8%(8 人);婚姻状况为已婚的为 83.8%(707 人),未婚的为 4.7%(40 人),离异的为 1.4%(12 人),丧偶的为 8.5%(72 人);在从事职业中,党政机关、事业单位人员的为 28.7%(242 人),职业经理人为 1.2%(10 人),私营业主为 2.4%(20 人),国企职员为 37.4%(316 人),外企职员为 0.5%(4 人),私企职员为 7.5%(63 人),自由职业者为 5%(42 人),务农为 6.5%(55 人),无业者为 10%(84 人);家庭月收入 1 620 元以下的为 7.7%(65 人),1 621~2 815 元之间的为 19.1%(161 人),2 816~4 692元之间的为 38.6%(326 人),4 692~14 076 元之间的为 30.1%(254 人),14076 元以上的为 3.4%(29 人);家庭每月看病开销 300 元以下的为

32.8%（277 人），301～700 元之间的为 37.3%（315 人），701～1 200 元之间的为 17.7%（149 人），1 201～1 500 元之间的为 4.3%（36 人），1 501 元以上的为 7.5%（63 人）；参加城镇职工基本医疗保险的居民为 73.6%（621 人），参加城镇居民医疗保险的居民为 12%（101 人），参加新农村合作医疗保险的居民为 6.9%（58 人），参加小城镇失地农民医疗保险的居民为 3.2%（27 人），没有参加任何基本医疗保险的居民为 2.4%（20 人）；购买商业医疗保险的居民为 16.2%（137 人），未购买任何商业医疗保险的居民为 78.4%（662 人）。

6.3.2　居民对家庭医生制度的认知状况

居民是否了解签约家庭医生后可以享受到多项优惠政策？这里列出优惠政策主要包括：家庭医生团队长期跟踪评价健康状况、通过预约优先获得家庭医生门诊服务、通过家庭医生绿色转诊通道优先转诊、获得家庭医生健康咨询服务，在家庭医生指导下，慢性病居民获得更加便捷的用药政策、优先建立家庭病床、65 岁以上老人免费获得健康筛查，并由家庭医生实施干预指导等。基线调查时 16.3%（137 人）的居民表示很了解，其中非签约居民 7.9%（10 人）、签约居民 16.7%（117 人）；68.8%（581 人）的居民表示了解一些，其中非签约居民 50.1%（64 人）、签约居民 72%（516 人）；两者共计为 85.1%，其中签约居民 88.7%（636 人）、非签约居民 58.7%（74 人）。两组比较具有统计学意义，且差异极显著（＝74.54，P＝0.000）。从数据可以看出上海市家庭医生制度整体认知状况尚待提高，签约居民比非签约居民的了解程度要高，说明签约与认知之间存在着较强的因果关系。

居民了解家庭医生服务信息并签约的信息来源分布如图 6.1 所示。

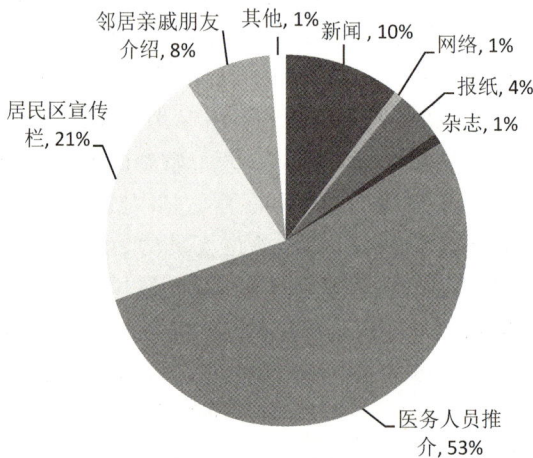

图 6.1　居民对家庭医生服务了解渠道

其中，10%（72 人）为新闻媒介、0.8%（6 人）为网络、4%（30 人）为报纸、1%（6 人）为杂志、53%（377 人）通过医务人员推介、21%（148 人）为居民区宣传栏、8%（54 人）邻居亲戚朋友介绍、1%（10 人）其他。由数据可以看出，居民了解家庭医生制度主要是从医务人员的推介和社区宣传栏得知，而这也符合签约家庭医生人群的特征，以及家庭医生服务人群的特征。这也充分说明医生在医患关系中处于主导地位，患者处于被动地位。医患中的信息不对称使得居民依赖于医生和社区。

在对于家庭医生应该提供服务内容的认知中，53%（445 人）认为家庭医生应该提供健康教育和健康促进服务、70%（585 人）认为应该提供慢性病管理服务、35%（290 人）认为应该提供家庭病床护理服务、10%（83 人）认为应该提供孕产妇保健管理、12%（96 人）认为应该提供婴幼儿保健、12%（98 人）认为应该提供残疾人康复、48%（400 人）认为应该提供健康体检、39%（321 人）认为应该提供出诊与送药服务。从数据可以看出，慢性病管理的认同程度最高，社区居民寄希望于家庭医生能够在慢性病管理中发挥作用。这也符合家庭医生扎根社区，疾病预防、健康防护方面的功能定位。

6.3.3　居民签约家庭医生的动机变化

在调查样本中共有 83.6%（706 人）为签约居民，14.9%（126 人）为非签约居民，另有 1.4%（12 人）数据缺失。在回答不签约的原因时：29%（37 人）的居民对家庭医生政策不了解，31%（39 人）的居民不知道怎么签约、34%（43 人）的居民认为家人健康而没有必要签约、7%（9 人）因为经济原因而放弃签约、2%（2 人）因为社区就诊条件差选择放弃签约、2%（2 人）不信任家庭医生的医疗水平、6%（8 人）担心签约后不能自由就诊，其他 3%（3 人）。在回答签约居民为什么签约时，86%（605 人）为了方便，有问题可以随时向家庭医生求助；23%（164 人）想结交朋友或健康顾问；12%（85 人）出于试试看的态度，想看看家庭医生的优惠政策是否真能实现；12%（81 人）因为别人推荐所以选择签约；还有 1%（7 人）选择其他。从调查对象的回答中可以得知，签约家庭医生主要是为了获得便捷和快速的医疗服务，能够轻易地获得健康顾问，改善个人健康状况何乐不为呢？这一点也符合家庭医生制度力求实现的社区首诊、疾病预防、健康服务的目标。

6.3.4　居民对家庭医生服务的需求状况

对于家庭医生的资质，社区居民最看重并处于前 3 位的因素为：58.7%

(496/844)的居民看重签约医生的服务态度,46.8%(395/844)看重技术水平,14.7%(124/844)看重专业背景。而传统上被认为较为重要的因素如医生的年龄、学历、职称,则分别有1.9%(16/844)、3.9%(33/844)、4.4%(37/844)的居民看重。从对于家庭医生的需求可以看出,社区居民最为看重服务态度,其次是技术水平。可以看出具有基层诊疗经验、服务态度好的家庭医生在社区有着深厚的群众基础。

对于希望家庭医生提供何种服务形式,63.2%(533/844)的居民希望得到家庭医生提供门诊就诊服务,59.7%(504/844)希望获得上门诊治服务,50.6%(427/844)希望得到电话咨询服务,22.0%(186/844)希望得到健康宣讲,17.1%(144/844)希望获得家庭护理服务,7.8%(66/844)希望获得电脑咨询服务。在服务项目上主要是门诊就诊和电话咨询,由此可知,居民就诊仍然是基层群众疾病管理的最大需求。但是随着居民收入水平的提高、人口老龄化的来临,上门服务的需求,尤其是社区老年群体的上门服务需求,正在不断增加。

对于希望家庭医生为哪些人群提供上门服务,83.4%(704/844)的居民选择特殊人群,如腿脚不便利、独居老人等;23.3%(197/844)认为普通患者也可以享受上门服务;22.6%(191/844)选择急诊人群;1.8%(15/844)选择其他,包括工作繁忙的年轻人、慢性病患者、病情严重者、大病老年人等。这一点也正好验证了上门服务需求群体的人口结构和人群特征。

对于希望家庭医生提供上门服务的形式,59.1%(499/844)的居民认为家庭医生应该按需要提供上门服务,35.1%(296/844)认为家庭医生应该定期上门随诊,2.9%(25/844)认为两者应该结合起来,另有24人缺失。

在正常的工作时间外,家庭医生提供医疗服务应该如何向服务对象收费,59.7%(504/844)的居民认为应按照服务项目收费,21.3%(180/844)认为应不收费,12.8%(108/844)认为应按照人次收费,3.2%(27/844)认可家庭包干收费方式,还有1.3%(11/844)认为几种收费方式应相结合或视情况而定,另有14人缺失。

总之,家庭医生制度的推行合理地释放了社区居民的医疗需求,这主要包括以下几个方面:一是有效的就诊需求,因为家庭医生的便捷服务得到释放;二是家庭医生的守门人守护的职责,推动对家庭医生的健康服务的需求。

6.3.5 签约居民的就医行为变化

这里主要考查签约居民的就医行为、预约行为、转诊行为三个方面。

首先，就医行为。在签约居民中，98%（692 人）做出回答，2%（14 人）无回答。在回答者中，82.3%（570 人）找过家庭医生就诊，17.7%（122 人）没有找过家庭医生就诊；签约居民为什么没有去找过家庭医生就诊：3%（4 人）表示对家庭医生的水平信不过，还是找大医院看病放心，15%（18 人）表示担心麻烦有病直接去大医院了，10%（12 人）认为目前家庭医生不能转诊三级医院还不如直接去三级医院，67%（81 人）当前还无此需要，5%（7 人）选择其他，如：依照旧习惯就诊、信任原来的医生、选择离家近的医院等；在签约后就医行为的变化中，47.2%（327 人）只要生病首先找家庭医生，比以前更愿意去社区卫生服务中心了、42.8%（296 人）生"小病"找家庭医生就诊，"大病"还是去大医院就诊、8.9%（61 人）保健找家庭医生，生病还是去大医院就诊、0.4%（3 人）不信任家庭医生，生病还是去大医院就诊。从调查可以看出，家庭医生的签约正在改变着居民的就医习惯，居民就医社区首诊的制度目标正在逐步显现，社区卫生服务中心门可罗雀的状况得到了改善，进一步加强了基层社区医院的地位，也逐步缓解了大医院看病拥挤的状况。

其次，预约行为。在接受过家庭医生服务的签约居民中，67%（388 人）未曾进行过预约服务，33%（195 人）进行过预约服务；在享受家庭医生预约服务的居民中，50%（51 人）居民认为预约服务很方便、39%（40 人）认为预约服务比较方便；在未享受家庭医生预约服务的居民中，35%（31 人）居民认为预约服务很方便、38%（33 人）认为为预约服务比较方便；无论是否进行过预约服务，没有签约居民回答很不方便，如表 6.2 所示。

表 6.2　预约服务方便程度

		您认为通过家庭医生进行预约服务方便吗？				
		很方便	比较方便	一般	比较不方便	很不方便
是否进行	有	50%（51 人）	39%（40 人）	11%（11 人）	1%（1 人）	0
过预约	没有	35%（31 人）	38%（33 人）	22%（19 人）	6%（5 人）	0
服务	共计	43%（82 人）	38%（73 人）	16%（30 人）	3%（6 人）	0

表 6.2 显示，是否进行过预约服务，对于预约服务方便程度的评价存在差异，二者的差异具有统计学意义，且差异极显著（＝138.046，$P = 0.000$）。在预约服务的调查中可以发现，尽管进行过预约服务的调查对象不多，但是对预约服务的评价尚可，大多数调查对象认为预约服务比较方便或者很方便。

最后，转诊行为。在享受过家庭医生服务居民中，25%（141 人）未接受过转诊服务、75%（431 人）接受过转诊服务。其中，56.6%（78 人）认为转诊服务很方便,29.9%(42人)认为转诊服务比较方便,12.8%(18人)认为一般,1.7%(2人)认为比较不方便。由此可知,尽管接受过家庭医生服务的居民中,接受转诊服务的签约居民有限,但是从接受转诊居民的评价来看,大多数居民(86.5%)认为转诊服务很方便或者比较方便。

6.3.6 对社区居民的调查结果评价

调查对象主要从看病费用是否得到减轻、医患关系是否得到改善、签约服务是否满意等方面进行了评价,具体评价如下:

首先,看病费用减轻的评价。家庭医生制度的实施,还存在着引导就医行为,改善健康习惯以及缓解居民就医支付的压力的功能。通过家庭医生就诊,看病医疗费用是否有所减少,11.3%(66人)认为有所减少,因为就医项目免费;40%(239人)认为有所减少,因为可以有医保支付;17.2%(100人)认为有所减少,因为家庭医生制度改变了居民的健康习惯;3.8%(22人)回答有所减少,因为其他因素,如:不收挂号费、药品价格低、有特定的用药等;32.1%(187人)认为没有什么变化,1%(6人)认为费用增加。

其次,医患关系改善的评价。签约家庭医生后,88.5%(533人)签约居民认为医患关系有所改善,11.5%(66人)签约居民认为医患关系没有什么变化。

对于医患关系改善的原因中,73%(394人)认为就医关系稳定,医生熟悉自己病情;36.7%(198人)认为家庭医生提供个性化诊疗服务和健康咨询;55.8%(302人)认为家庭医生服务态度好;24.8%(134人)认为家庭医生可上门服务;14.9%(74人)认为家庭医生可预约,不需排队;0.4%(3人)认为一些其他因素也会影响到医患关系的改善。

最后,签约服务满意度评价。本调查主要从医药收费、医务水平、上门服务、服务态度、服务效果、服务设施、治疗范围、交流时间、等待时间和预约转诊等方面,对签约家庭医生服务的满意度进行评价,具体回答见表6.3所示。

表 6.3 签约居民对家庭医生相关服务的满意度

项目	很满意	满意	一般	不太满意	不满意
医药收费	29.1%(177人)	48.6%(296人)	17.7%(120人)	2.1%(13人)	0%(3人)
医务水平	37.4%(229人)	50.9%(311人)	11.5%(70人)	0%(1人)	0%
上门服务	34.4%(180人)	43.7%(229人)	20%(105人)	1.7%(9人)	0%(1人)

项目	很满意	满意	一般	不太满意	不满意
服务态度	53.2%（323 人）	42.5%（258 人）	4.1%（25 人）	0%（1 人）	0%
服务效果	42.9%（260 人）	47%（285 人）	10%（61 人）	0%	0%
服务设施	28.1%（168 人）	45.3%（271 人）	24.6%（147 人）	1.8%（11 人）	0%（1 人）
治疗范围	28.8%（172 人）	46.2%（276 人）	23.4%（140 人）	1.7%（10 人）	0%
交流时间	34.4%（207 人）	53.7%（323 人）	11.5%（69 人）	0%（3 人）	0%
等待时间	30.2%（180 人）	49.7%（297 人）	16.2%（97 人）	3.4%（20 人）	0%（3 人）

　　总之，从数据分析可以看出，尽管签约居民对于家庭医生相关满意度较高，但是不同的服务之间也还存在一定的差异。签约居民对于家庭医生的服务态度的满意度最高，服务效果的满意度次之。这也充分说明家庭医生制度推进后，医患关系得到较好的改善，家庭医生能够更好地了解社区居民的疾病状况，更好地与患者进行沟通，从而使得居民对于家庭医生的评价较高。而服务设施和服务范围的满意比率相对较低，说明社区卫生服务中心的医疗设施水平尚待提高，医疗服务范围也有待扩大，这就为家庭医生制度的完善找到了突破方向。除此之外，上门服务、交流时间、等待时间等方面也值得注意，所以，说明随着大医院排队和拥挤局面的环节，医疗卫生资源供给不足有向下传导的趋势。

6.4　上海市家庭医生制度取得的成就与存在的问题

6.4.1　家庭医生制度取得的成就

　　从调查中可以发现，上海市家庭医生制度取得的成就至少包括了：对居民诊疗习惯的影响，让社区居民有了更加健康的就医习惯；对医患关系产生着影响，缓解了医患矛盾，改善了医患关系。
　　一是家庭医生制度影响着诊疗习惯。家庭医生正在影响着居民的诊疗习惯，改变居民健康生活方式。上海市对家庭医生制度的开展较为重视，确立了"社区首诊、逐级转诊"的工作目标[①],同时对不同层级的医疗机构设定了不同等级的报销比例,在条件相同的情况下,选择社区卫生服务中心首诊更能够减轻居民的医疗费用负担。上海市施行家庭医生制度之后,居民的诊疗行为发生了明显的变化,有96.9%的签约居民小病往往首选家庭医生,这在一定程度上说明签约居民对于家庭医生服务的整体满意度较高。签约居民对于家庭医生相关服务的满意度评价中,服务设施的满意度最低(73.4%的居民认为满意或者很满意),服务态度的满意度最高(95.8%的居民认为满意或者很满意),可以认为:家庭医生正在影响着居民的诊疗习惯,改变着居民的健康生活方式。

二是签约家庭医生影响着医患关系。在家庭医生制度的推广过程中,就诊医生发挥着重要的作用。医务人员的推介是居民选择是否签约家庭医生的主要因素,在签约居民中,有53.4%通过医务人员推介而成功签约。在后期家庭医生的推进中,就需要更好地发挥医务人员的引导作用;同时,社区仍然承载着服务信息传递的重要功能,社区的宣传栏起到了很好的信息传递作用(21.0%),在社区居民生活中具有不可或缺的影响力。扎根社区居民的家庭医生制度,有利于改善医患之间的关系。医生对于居民的身体状况有着信息优势,可以引导居民的诊疗行为[②]。签约家庭医生后,有88.4%的居民认为医患关系有所改善,这在一定程度上说明了家庭医生对于改善医患关系、缓解医患矛盾具有积极影响。

6.4.2　家庭医生守护基层健康存在问题

实地调查的结果还显示,上海市家庭医生制度在守护基层健康方面,还存在着如:供给能力不足、服务能力不够高、服务对象不多等方面的问题。

一是,家庭医生的供给能力明显不足。家庭医生承载着健康管理和健康咨询的重要功能,应以患者为中心;开展以社区为基础可持续的慢性病综合干预,加强健康体检或筛检,提高人群疾病确诊率[③]。社区居民普遍认为家庭医生应该立足社区,提供慢性病管理服务(69.3%)、健康教育和健康促进服务(52.7%);在条件允许的情况下,希望能够提供体检服务(47.4%)、出诊与送药服务(38.0%)、家庭病床护理服务(34.4%)等服务内容。有很多居

---

① 江萍,赵晓鸣,徐蕾,等.上海市长宁区家庭责任医生制度设计与实施方案[J].中国卫生政策研究,2012,5(6):9-13.

② 郭华,蒋远胜.医疗保险保障水平提高是否增加医疗服务的诱导需求——以成都市城乡居民为例[J].农业技术经济,2014,17(1):120-128.

③ 秦江梅,张艳春,张丽芳,等.社区卫生综合改革典型城市慢性病管理现状及存在问题分析[J].中国全科医学,2013,16(28):2621-2623.

民对于家庭医生制度的理解还存在一定的偏差,甚至把家庭医生看成了是西方国家的私人医生,认为家庭医生应该提供"随叫随到"的服务。但随着家庭医生制度的深入开展,这种认知正在发生变化。同时,居民对于家庭医生服务内容也有了更多的期盼,在开放性的问题中,许多居民"希望医生周一到周五都来社区服务卫生站",这也使得政府公共服务供给面临压力,也给政府提出了进一步完善家庭医生制度的新要求。

二是,家庭医生的服务能力尚需提升。夯实家庭医生制度的基础性工作,要求培训家庭医生的技术水平与服务能力,建立起有效的薪酬激励机制。对于社区卫生服务中心,服务态度好、技术水平高的医生更能获得居民的认可。访谈中,有不少签约居民提到了家庭医生的服务态度很好,相对于大医院来讲,家庭医生与居民之间的距离更近,并且相互熟悉,具有信息优势。本次调查中,有95.8%的签约居民对于家庭医生的服务态度表示满意或者很满意,有88.4%的签约居民对于家庭医生的医务水平表示很满意或者满意。尽管满意度的测量取决于居民的主观评价,受到很多因素的影响,但是作为医疗服务的接受者,对于医患关系的评价应该纳入对服务提供者的绩效管理中来,毕竟良好的医患沟通有助于建立起患者对医生的信任。而当前在对医务工作者绩效管理中,服务态度、技术水平这些隐性指标所占据绩效工资的比重,却远没有学历、职称、年龄等获得的薪酬水平更高。这也为改善家庭医生绩效评价体系和薪酬管理体系提供了一个思路。

三是家庭医生服务对象尚需扩大。目前签约居民大多数为老年人群,主要因为老年人群体更加注重健康的保养和疾病的预防,看重家庭医生的预防功能;老年人群体慢性病发生率较高,收入相对较低,医疗费用的负担较重,通过家庭医生制度签约,可以缓解医疗费用的负担;在家庭医生制度推行较好的区域为较为成熟的中心城区如:徐汇、静安等,这里人口老龄化的程度高,而且医疗资源的分布较为集中,有利于家庭医生制度的开展。在新兴城郊或郊区如松江、浦东等,由于工业化的发展、大型居住区的建设,人口导入数量大,医疗资源的供给未能跟上辖区人口增长带来的医疗需求;街道社区卫生服务中心的承载能力有限,不能够满足更多居民的需要。所以,一方面可以在中心城区继续深化家庭医生签约制度,改进服务内容和增加服务频次,另一方面,也需要在人口导入大区和偏远郊区,围绕公共服务均等化的目标,加大社区卫生服务中心的建设,增设服务站点,招募更多的全科医生,提升全科医生的专业技术能力和服务水平,稳步提高签约率,切实提升卫生服务效能,实现上海市提出的2020年家庭医生制度签约目标。

6.5 提升家庭医生守护健康能力的对策建议

6.5.1 明确家庭医生服务内容和目标

明确家庭医生服务内容和目标的一个原则就是应该区分家庭医生制度的公益性和营利性。一般来说家庭医生制度是具有一定公益性的项目,政府财政也提供了大量的资金支持。考虑到政府公益项目需要调动公共财政资源,涉及公共卫生资源内部的配置,以及与其他公共资源之间的关系,所以,对于公益性的公共卫生支出项目需要做到量力而行。尽管当前我国全科医生还无法做到基于像国外家庭医生那样全过程的医疗服务,但是可以先从目标入手,立足于满足人民群众不断增长的健康需要,乃至整个健康中国实现的战略目标部署,逐步提高家庭医生的服务内容和服务水平,在发展中努力完善家庭医生的服务能力。与此同时,还应该引入市场机制,可以依靠市场力量建立起来的基层医疗资源进行规范化监督,以引导其在实现盈利的同时,也能为基层医疗卫生事业做出贡献。

6.5.2 加强基层医务人员的队伍建设

家庭医生制度的推行离不开全科医生的人才队伍建设,从各个地方的医疗实践来看当前制度面临的瓶颈之一就是人才缺乏。所以,要将全科医生人才队伍建设作为家庭医生制度完善的重点。值得期待的是全科医生人才队伍建设也被写入了《健康中国 2030 规划纲要》,提出了要以全科医生为重点,加强基层人才队伍建设,健全符合全科医生岗位特点的人才评价机制[1]。所以,一方面要在医学人才的建设方面,明确全科医学人才建设的重要性,将全科医学人才作为人才建设的重中之重;另一方面,还需要建立让人才能够安心工作的绩效评价机制,改变因薪酬过低所导致的医疗领域人才流失的局面。对全科医生团队进行分类管理,建立起对全科医生团队的考核工作。将全科医生团队按照主治医师、医辅人员、护理人员进行分类管理,同时建立起团队考评与个人业绩考评相结合的人才评价机制。

6.5.3 搭建基于健康档案的技术平台

考虑到增加家庭医生数量,培训家庭医生人才队伍,来提高家庭医生服

---

[1] 中共中央 国务院印发《"健康中国 2030"规划纲要》[Z].2016.http://www.xinhuanet.com/politics/2016 - 10/25/c_1119785867_3.htm.

务供给能力需要一个过程，一个有效的方案是应用技术手段优化家庭医生管理，提升家庭医生的服务能力和服务空间。电子病历、互联网技术的发展，为基层健康管理增加了可供选择的空间，让家庭医生运用一定的技术手段签约居民进行管理也符合现代管理化手段发展的趋势。一方面需要完善现有的电子健康记录数据库，一个完整的健康记录数据库不仅包括了所有的就诊记录，而且应该加入社区居民的饮食习惯、锻炼记录、健康生活方式等方面的数据内容；另一方面需要加强对电子健康档案数据库信息的采集、维护、分析、管理、监督等技术性手段，还需要对信息的使用通过法律的规范来解决信息泄露、信息安全等方面的技术问题和法律问题。这样通过建立专业化的信息平台，围绕健康档案信息利用，更好地掌握社区居民的健康状况，为社区居民提供更有效的预防、首诊、诊疗、转诊等方面的建议。

6.5.4　社区人口健康分类管理

按照社区签约居民的慢性病、常见病、生活习惯等方面的信息，以及社区居民人口健康状况进行分类管理。一方面，不同健康状态的人群，对疾病治疗、健康预防方面的需求不同，对家庭医生服务方式和内容的需求也不相同。为了更好地满足社区居民的健康需求，有效地划分人口健康的不同类型，有利于更好地发挥家庭医生中的主治医师、医护人员、护理人员的不同作用。另一方面，从健康管理的角度，对慢性病人口进行分类管理，有利于提高管理的效率和社区居民公平感，也有利于社区家庭医生与专业医院和综合医院建立广泛的联系，更好地实现转诊工作安排。市民健康不仅需要医疗卫生作保障，健康环境、健康生活、健康教育乃至健康文化等皆不可或缺[①]。而对于社区人口健康分类管理，无疑有助于更为精准地为社区居民提供健康教育、健康文化、卫生保障等方面的健康服务。

6.5.5　实施家庭医生的信任机制建设

由于家庭医生制度关系到基层群众个人信息的安全性，而有效的个人电子健康数据库建设，是家庭医生管理的必要手段和措施，这就需要在改善家庭医生与社区居民信任关系的同时，建立防止个人健康信息泄露的机制。一方面要从机制设计入手，强化信息安全意识，加强对家庭医生数据库的管

---

① 胡善联."健康上海 2030"规划纲要之我见[J].卫生经济研究,2017(06):3-6.

理,另一方面,也要医患双方转变观点以及重构信任[①],从而构建和谐的新型社区医患关系。

① 滕黎.家庭医生服务模式下构建和谐医患关系的思考[J].医学与哲学(A),2018,39(3):38-41.

第7章

公共创业服务支持政策及实施效果研究

7.1 引言

十九大报告指出:"激发和保护企业家精神,鼓励更多社会主体投身创新创业。"地方政府为什么要推动创业创新工作,似乎是不需要讨论的问题,"上面千条线,下面一根针"。地方政府无疑要根据中央政府和上级政府的要求,布置和实施上级政府的战略部署和计划安排,其执行力和执行效果是考核政府绩效的主要依据。"大众创业、万众创新"的施政理念已经深入人心,不仅是地方政府,就连普通民众也意识到了创业对于就业带动、职业定位、财富效应的影响。地方政府更是从服务于整体战略、地方财政重要来源、地方经济可持续发展、地区人口的就业与再就业等方面,在推进创业工作,搭建创业平台,开展创业孵化基地等方面做了大量的工作。

毋庸置疑,政府创业工作推动的过程,既是使用公共资源,推动地方经济社会发展的过程;也是创造财政绩效,生产更多可供分配公共资源的过程。围绕政府提供公共创业服务的重要性、制度设计和运作、政策实施路径等方面,当前学术界做了大量的研究。

7.1.1 在创业服务的重要性与公共资源配置之间的关系方面

专家认为创业兼有公共性与私人性双重属性,不仅可以带动就业,也能推动经济增长。各国都很重视对创业企业的支持[①]。2017年"实施就业优先战略,鼓励通过创业带动就业,国家健全覆盖城乡的公共就业创业服务体系"被写入了国务院关于"十三五"推进基本公共服务均等化规划。政府提

---

① 王万山.政府支持创业的经济学解释及政策选择[J].企业经济,2016(5):5-15.

供创业服务的能力和水平决定着其公共服务资源分配的能力和水平。创业政策作为一种宏观创业环境,对青年创新创业活动具有引领、调控和保障的功能,具有工具理性和价值理性的双重性①。在具体的创业政策服务方面,研究显示,适当的举办创业大赛也将有助于提升青年创业者的综合素质和实践能力②。

7.1.2　在创业服务的制度设计和政策运行方面

专家指出当前强大的体制机制惯性、创业融资供给不足、创业平台建设落后、创业培训流于形式等问题严重制约了创业活动的脚步③。一项基于地方某省的实证调研显示,政策宣传、引导、支持、优惠、细则和方式等方面,会直接或者间接影响到创业政策实施效果④。政府的制度环境对创业企业的迁徙产生重大影响⑤。从制度的供求视角来看,也对青年创业的制度环境提出了新的需求,就是要从差异化的政策设计、多部门的政策措施整合,搭建创业信息共享平台、保护和鼓励青年创业者的权益等方面提供制度支持⑥。在数字化创业的背景下,有学者提出制度设计者需要动态地、前瞻性地营造良好的数字创业服务政策环境⑦。

7.1.3　在如何有效发挥政府提供服务政策支持的能力方面

专家指出政府需要从掌握工具特征、建立激励制度、把握激励强调三个层面优化对创业公共服务的激励行为⑧。政府转型的关键是面向市场主体

---

① 创业扶持政策的现状、价值及优化[J].中国青年研究,2017(2):77,84-89.

② 王晓书,邹金红,郭思齐.青年创业大赛实效性问题及对策研究[J].广西青年干部学院学报,2018,28(5):1-4.

③ 刘畅,李兆友.创业公共服务体系的构建研究[J].云南民族大学学报(哲学社会科学版),2018,35(3):120-126.

④ 温美荣.政府推进大众创业万众创新的政策效果评估与提升对策——基于H省的调研分析[J].理论探讨,2018(4):158-163.

⑤ 刘新民,张亚男,范柳.创业企业家不确定性容忍度对企业迁徙决策的影响[J].科技进步与对策,2017,34(23):147-154.

⑥ 肖喜明.促进我国青年创业的制度需求与制度供给分析——基于新制度经济学的视角[J].中国青年研究,2018(9):24,108-114.

⑦ 余江,孟庆时,张越,等.数字创业:数字化时代创业理论和实践的新趋势[J].科学学研究,2018(10):1801-1808.

⑧ 娄成武,甘海威.公共服务公私合作供给中的政府激励工具——基于T市的案例分析[J].武汉大学学报(哲学社会科学版),2018,71(2):166-174.

提供均等化的公共服务,其采取的政策工具必须由直接干预变为间接引导①。在经过对不同创业扶持模式进行比较后发现,提高政策扶持效率,需要加大资源整合和优化运作机制②。专家在研究了德国、美国等国创业体制后发现,有效的孵化服务体系、创业型企业集群化等措施将有助于改善城市创业生态体系③。一项对于海归创业人才的研究显示,政府的人才支持能力、政府服务质量,有利于营造政府创业环境、提升人才吸引力④。一项对于重庆的研究显示,微型企业孵化基地软环境尚存在不完善的地方,文化氛围、信用担保、程序简化、政府服务等软环境建设仍然具有很大的创新空间⑤。

　　以上的研究从整体上对政府创业公共服务的重要性、政策性、有效性方面的探讨,对推进地方政府改善创业服务环境、提升创业服务能力提供了良好的参考价值。与此同时,我们也看到,以上研究缺乏对于典型地区、典型园区、典型企业的典型研究,尤其是鲜有从政府管理的视角,通过研究创业企业、创业者的政策需求方面,收集政策管理经验,从而提出创业服务的对策建议。所以,本研究主要立足于政府政策实施有效性,通过调查地方政策以及受惠单位对于政策的评价,试图发现政策实施存在的问题和瓶颈,从而找到解决政府创业政策实施中的障碍,给出提升政府创业服务能力和水平的政策建议。

7.2　典型地区创业服务实施现状

7.2.1　上海某区创新创业氛围日益浓厚

　　上海某区通过构建线上互动服务、线下实体互联的众创空间来全力打造示范基地、建设基地、储备基地、规划基地等。上海某区加快构建了"创业

① 陈玲,王晓丹,赵静.发展型政府:地方政府转型的过渡态——基于沪、苏、锡的海归创业政策案例调研[J].公共管理学报,2010,7(3):47-51,124.
② 江永清.我国地方政府购买服务支持大众创新创业的实践模式比较[J].中国行政管理,2018(7):12-19.
③ 王明杰.主要发达国家城市创新创业生态体系建设比较研究——以德国、美国、英国、法国为例[J].行政论坛,2016,23(2):99-104.
④ 黄昱方,陈成成,陈如意.政府支持下城市吸引海归创业人才的环境要素研究[J].科技管理研究,2014,34(12):23-28,32.
⑤ 曾国平,温贤江.软环境对科技型小微企业成长力作用机理研究——以重庆微型企业孵化基地为例[J].科技进步与对策,2014,31(9):106-110.

苗圃＋孵化器＋加速器＋产业园"的梯次孵化体系。上海某区每年都设计、举办一系列创业推进活动,举办创业计划大赛、评选创业典型人物等活动,在全区不断掀起了创新创业的高潮,创业活动率明显提升。上海某区作为上海创新创业大赛最重要的赛点之一,通过从不同角度和方面营造良好的大众创业、万众创新氛围,力争在上海打造具有全球影响力科创中心的进程中发挥自身的优势。截止到 2016 年,上海某区已吸引了两万多家"四新"企业齐聚,正以每 6 分钟诞生 1 家企业的速度,逐渐成为年轻人创新创业的热土。对于上海某区创业创新氛围的认同,吸引着很多创业型企业选择上海某区,甚至从其他区县迁入上海某区,凸显了上海某区创业环境的凝聚力和创业文化的感染力。

7.2.2 上海某区各级政府创业服务能力显著增强

创业服务能力是上海某区获得创业者高度认同的关键。高校资源算不上聚集,科研实力算不上雄厚的上海某区,究竟靠什么吸引年轻人? 对不同创业阶段、不同创业对象,区人保部门提供了多种开业贷款担保政策,帮助创业者缓解资金难问题。有 3 千元至 3 万元的微型贷款、最高 10 万元的创业前贷款以及个人最高 50 万元、企业最高 200 万元的小额贷款。符合一定条件的小微企业还能申请小额贷款利息补贴。调研显示,在聪明豆幼儿用品商店的创业者表示,尽管创业初期进货资金遇到过困难,但在政府政策的指引下,在与就业促进员的交流和帮助中,她顺利申请了银行贷款,这种小额的银行信用贷款,大大减轻了企业的周转资金压力,使得企业摆脱了发展的困境。

7.2.3 政府着力改善了创业企业的创业环境

政府从管理职能向服务职能的转变是全面深化改革的重要抓手,为了服务于市场,转变政府职能,上海某区委区政府做了很多的努力和实践,上海某区委书记汪泓说:"虽然政府不能面面俱到,但是有一件事一定是政府做的,那就是促进金融、科技、人才等各类资源要素整合集聚,营造良好的创新创业环境。"这种平台的搭建正是政府服务职能转变的重要抓手,调查显示,街镇和政府各级部门服务意识显著提升,各级政府能够针对企业发展过程中出现的问题,具体问题具体分析,积极有效地帮助企业寻找问题、提供解决之策。上海某区通过"职责法定化""权力清单化""监管标准化""服务常态化"的手段,坚决改革政府条块分割、分钱分物的管理体制,实现了政府职能转变。以政府权力的"减法",换取市场活力的"乘法",确立企业的科技创新主体地位,使创新成果更快转化为现实生产力。

7.2.4　创新创业人才的积聚效应提升明显

人才不仅是地区经济发展的关键因素,更是创新创业企业的生命,人才的背后是技术、管理、资金的凝聚,随着新一轮创新创业企业的建设,上海某区积极更新了人才发展的战略理念,区委书记指出,"保证各行各业的人才来得了、待得住、用得好、流得动。"在人才政策上面,"对引进和培育的入选中央和上海千人计划等国家和上海重点人才计划的海外高层次人才,其中带技术、带项目到上海某区创新创业的,给予最高 500 万元资金扶持";也鼓励各类人才在上海某区加快科技成果转化,"创新创业人才在科技项目、品牌战略、技术标准化战略等重大企业战略方面有突出成绩的,给予最高 200 万元资金资助"。同时,对符合政策的优秀创新创业人才在办理签证、居住证积分、居转户和人才引进等方面提供全方位的服务。对高层次创新创业人才,提供高质、便捷的医疗服务,积极引入优质的教育资源。

7.3　上海某区创业企业发展面临的问题

7.3.1　创新创业的服务理念亟须进一步转变

调研显示,不少企业认为对于新办企业开办时间还需要优化,希望能够提供更加简洁的服务流程、更加快速的审批结果。华滋奔腾的周萌董事长反映,上海的企业注册手续较为繁琐,注册流程复杂,公司的合并、重组需要花费更长的时间,给企业发展带来了消极影响。对比发现,在杭州从注册到成立只要 2～3 天,上海较长,有一家企业合并(合名)用了半年,企业创立、合并时间的延长,极大地挫伤了企业发展的积极性,在市场环境快速变化的背景下,容易因为时间错失市场机遇。究其原因不难发现,在上海的企业注册备案、重组备案的资料审核、核名中,主要是靠人工完成,而不是用电脑。这给行政带来了较高的制作成本,不利于上海的发展,尽管这个问题并不是上海某区的问题,但是被调查者希望能够呼吁有关部门,进一步转变政府职能,加强服务意识,简化服务手续和流程,在政府服务上跟上信息化发展的步伐,充分利用信息化的电子平台,做到互联网＋政务。

7.3.2　创业企业资金支持政策尚需进一步优化对接

对于在上海某区注册的创新创业类的企业而言,尽管上海某区有比较完整的资金支持系统,但是调研显示,不少企业还存在着种种诸如政策落地难、政策"最后一公里"的效应明显的问题。在调查中,多家企业表示上海市创业企业的资金支持政策,需要考虑到街镇实际情况。所需的资金配套补贴往往难以到位,挫伤了创业企业进一步深耕上海某区的积极性。上海市创业大赛获奖可以有 10 万加 10 万的政策配套,即上海市政府给予创业企业 10 万元补贴,上海某区再给予 10 万元的资金配套支持,但是,在具体操作中,上海某区的主要做法是由上海某区政府与各个街镇政府各出 5 万。被调研企业表示,上海某区政府的 5 万可以拿到,但是街镇政府的 5 万元补贴却往往拿不到,使得实际上上海某区创业型企业只能拿到 5 万。调查也显示被调研企业能够理解街镇的难处,认为街镇政府、园区确实无力承受这样的资金压力,进而希望区级政府有效解决这类困境。无独有偶,在创新型园区的评比中,华滋奔腾获得了"享受服务业创新引导基金政策"的支持,依据 2015 年的政策可以获得区财政和街镇财政各 50 万元,合计 100 万元的补贴,但是,由于各种原因街镇 50 万的配套资金没有拿到,华滋奔腾创业园区最后只拿到了 50 万元。这种创新创业配套政策的落实缺位,给园区、企业造成了一定的负面影响。

7.3.3　创新创业政策制定的流程尚需进一步优化

在帮助创新企业发展的政策制定中,上海某区基本上能够做到听取基层政府、园区、企业的声音,但是受访对象也表示希望政策出台前,能够更加充分地调研企业现实需求,更加系统地考察企业政策需要,提升政策执行的效果。在园区调查时,受访对象反映上海某区对于创业企业的 9+1 政策,目前只有 5%～10% 的创业创新企业能够享受到该政策。一方面,已经在园区内的、属于政府扶持范围内的创新型企业无法享受到政策的优惠,另一方面,重点创业园区和其他区县的优惠政策,未能实行有效的对接,使得创新创业型企业的引入受到一定阻碍。如:上海琥崧智能科技股份有限公司,成立于 2012 年,注册在原闸北区,2012—2015 年在原闸北办公。公司主要从事流体及粉体化工品自动化生产线的系统集成与 EPC 交钥匙工程技术服务。公司主要产品可分为成套装备的自动化生产线以及定制的单体自动化设备。2014 年被认定为高新技术企业。2015 年被上海市经济和信息化委员会认定为"专、精、特、新"企业。公司于 2015 年 12 月在新三板挂牌。公司未来的发展方向是帮助精细化工企业打造智能化工厂。该公司的机器人智能设计,工业 4.0,一年产值 1 亿多元,而且成立了研究院、院士院,属于政府支持的重点,可以对接企业落户政策。该企业原来在杨浦享有政策支持,但是由于缺少一个政府协调会,尽管已经在某区园区办公,区政府比较熟悉该公司的特殊情况,但是由于后续跟进不够,企业的优惠政策尚未落实等问题,该企业迟迟未能将注册地搬迁到上海某区域内,尽管也在园区内有一层楼 1 000 多平方米的办公面积,但是实际上确实造成了一定的税收损失。

7.3.4　政府创新创业服务内容尚须进一步充实

从创新创业类企业的特点可以看出,创业者通过技术、市场经验等优势条件成立了创新企业,但是对于企业管理方面的经验较为缺乏,尤其是在劳动法律法规方面的知识欠缺明显,政府开展创业企业的劳动法律培训也相对不足,碎片化的培训内容难以满足创新创业企业的需求,造成了创业企业劳动争议较多的窘境。调查显示,很多创业型企业缺乏法律知识和管理经验,由于加班等问题触碰到劳动法律红线,引发了劳动争议和劳动仲裁。有园区为了帮助创业企业,自发地行动起来,举办各种讲座培训,让创新创业企业知晓如何在仲裁中取得成功。比如华滋奔腾园区在 2016 年 8 月份专门组织人手做了一份调查表,通过设置各种问题,如:最喜欢了解劳动法的哪些内容? 如何降低企业风险? 等等,帮助企业了解这方面的知识。还通过现身说法,给予企业以用工合同的指导,比如为了避免劳动的争议,在招聘、签订劳动协议的时候,通过与求职者协商,用比较中性的语言,让创新企业避免陷入劳动合同的困境,如招聘对方为运营部经理改成管理人员。对于劳动法律法规、劳动合同等内容需要由专业的机构进行辅导和培训。制定出"降低劳动用工风险的制度",如不定时工作制度等。

7.4　基于上海某区创业典型企业案例调研

7.4.1　制造业典型案例分析

1) 制造业转型——华滋奔腾

华滋奔腾 2013 年被确定为移动互联网创新园,70%～80%的企业为成长型企业,大多在 200 万～500 万元规模,11 万多平方米,2013 年 11 月 18 日举行了开园仪式(当时,园区还没有完成装修)。奔腾公司有房产、码头、建材、园区,建材的负责人现在是园区的 CEO 和董事长。

从数量招商到质量招商,再到服务转型,园区企业进行了大换血,对于不符合园区整体风格的企业、不是很落地的企业,清理了 20 多家。园区致力于为企业提供服务,帮助企业解决困难。问题在于,管理人员是从传统行业转型过来的,既没有成熟的经验,可供借鉴,也没有成功的样本,可供复制。但园区管理者们深深意识到,园区类企业不能仅仅是一个商业性的房东,要做好服务,打造品牌,打造国家级的园区。

园区董事长提到最多的就是服务,政府以服务的理念服务于园区,园区以服务的理念服务于企业,而企业以服务的理念服务于社会、市民,这种理念无疑使得政府、企业、社会、个人提升了满足感,获得价值增值,是一种双赢的表现。

华滋奔腾有140家企业,其中有100家企业是通过创业一步步走出来的。其中优势:一是硬件设施。华滋奔腾有比较好的双子座建筑,成为上海某区的新地标,优秀的物业能够帮助其维护和管理,给企业发展创造了良好的生存环境。二是交通方便。该园区地处逸仙路,无论是逸仙路高架还是地铁3号线,都可以方便园区工作人员的顺利出行,有利于园区创业企业的业务开展、园区工作人员的生活。三是招商中政府给力。上海某区9+1的政策,让园区及内部企业充分感受到上海某区扶持创新创业的决心和优势。四是园区的服务。如果不搞服务,园区就是一个收房租的房东,两者之间是租赁关系,和其他企业没有差异,所以,服务很关键。①在一般性的常规服务中,园区为内部企业提供从公司注册到后期税务登记一条龙服务,同时街镇——淞南镇开发区也配有专门的办事机构,基础服务好,物业管理公司也好,全上海第三,负责任、干净、明亮;②为企业对接资源服务,无偿免费对接服务,比如"微盟"和拉卡拉之间的合作就是园区撮合。举办一系列的活动,如投融资对接会,寻找天使投资人。还承办了上海市创业决赛,这使得园区参与创业大赛的机会大大增加,给园区、淞南镇,甚至全区的创新创业环境带来了积极影响。

2) 农林业制造——馥稷生物

馥稷生物科技发展(上海)有限公司是集生物农药研发、生产、销售于一体,形成以生物防治技术及产品集成为核心的综合防控方案,服务于现代生态农业的高新技术企业。

公司肩负着维护生态平衡、保护人类生存环境、提供安全食品的使命,供民生以无公害健康食品之需,立国人万物和谐共生之理念,成农业大国绿色有机之形态。"绿色有机康健民生,和谐环保清润天地"是馥稷人的共同愿景。公司在国家公益性行业(农业)科研专项(生物源农药创制与技术集成及产业化开发)首席专家、西北农林科技大学博导张兴教授的带领下,依托国内一流植物源农药研发科研院所,聚集了大批国内著名的生物农药界专家及学者,拥有现代化的产品研发中心、生产基地及完善的产学研一体化平台。

公司成立于 2011 年,注册资金 5 000 万元,有三个隶属公司,一个关联公司,分别在成都、承德、石家庄有点,正准备在陕西打造一个 50 亩的国家级生物产业园区,园区建成后,就形成了整个生物的循环、利用研究基地。在创新团队中,创始人是国家二级教授,研究农药有 40 多年的经验,专业积淀深厚、技术功底扎实,总经理也是股东,与董事长之间已经合作超过十年,具有良好的团队基础。该公司的技术要求高、技术前瞻性强,公司成立了技术中心,引进人才至少是硕士研究生以上,当前的盈利状况良好,营业利润较高,主要定位在高端农业市场。

选择上海某区创业的原因是交通便利,城市创业环境好,人文环境比较适合创业,能够在公平公正的氛围中开展业务。公司在创业政策上面,也享受到不少的支持。从规模来看,公司一共吸纳就业人口 200 多人,其中在上海的员工有 30 名左右,主要招聘了上海的高端人才。

经济的发展、社会观念和生活方式的变化,给公司朝着绿色农业的发展方向提供了良好的契机,公司的业务开始逐渐有了起色。但是,公司的发展也面临着一些问题,比如由于上海的生活成本高,房价高,很多员工尤其是新招募的人员,无法承受生活、购房等的压力,选择离开上海,使得公司的人员流动性大大增加。同时,公司为了吸引人才,不得不提高员工的薪水,也给公司的发展带来了人工成本的压力。由于上海比较看重金融、互联网的产业发展,对于农业的发展扶持力度尚需进一步加强。

由于人们对于农药化肥还存在根深蒂固的误解,认为化肥、农药对人体有害,给公司的业务推广造成了一定的困难。实际上,发展生物农业有利于蔬菜的生态安全,通过技术革新,可以让人们更加容易地辨别出绿色、安全的食品,这需要政府的支持和氛围的营造。当前企业发展还面临着身份认证成本问题。在生产资格认证方面,农委需要验证其农产品是否合格,该公司也主动配合认证,并且把各项农业、科技认证看做企业发展的生命,但是每项认证的花费至少 5 万元,由于各种原因企业无法申请补贴,所以成本较大。从鼓励和支持企业发展来看,可以通过有机农业给予一定的扶持,有利于鼓励上海某区企业争取知识产权,更有利于公司的发展。

在政策匹配上,公司申请的创新创业类扶持资金需要园区和街镇匹配,由于街镇无法提供足够的资金,创业企业实际获得的创业资金配套较少。为了减少自身的匹配资金,园区更没有动力去帮助企业申报各类型创业、创新的竞赛项目。

3)防伪业制造——驰亚科技

上海驰亚智能科技有限公司成立于 2001 年,自创建以来,驰亚科技一直专注于产品防伪溯源 O2O 营销一体化服务。核心业务包括：产品防伪管理、产品物流追踪管理、会员 CRM 管理、O2O 精准营销。现已发展成为产品性细化管理行业的领军企业。公司注册资本 1 000 万元，以复旦大学软件学院为后盾，是国内少数拥有自主技术开发能力的技术型服务公司。公司拥有完整的自主知识产权，具备完善的研发、销售、客户支持体系，凭借独特的防伪技术、追溯技术、大数据分析手段等，开创一物一码行业的先河。公司成立以来服务了一大批全国性及地方性的金融、政府及行业产品，并为全球 500 强和中国驰名品牌在内的近 1 000 家名优企业，近十亿件商品，提供全面的产品防伪、产品物流跟踪监管、会员营销等增值服务。2015 年公司营业额为 2 000 多万元，公司成本主要来源于印刷和人工成本。

追溯公司发展历程可知，该公司属于二次创业的民营企业，最开始做通信设备，之后从事票券类业务如烘培类等特殊票券，逐步开始做防伪标贴。每一个产品都有防伪标贴，可以检验产品的真伪。随着近年的发展，不再满足特种的印刷，应用了更多的技术，比如现在流行的二维码，通过扫码实现一物一码，给每件产品身份标识。通过扫码让消费者充分了解整个产品的生产流程。现在类似的企业，做产品追溯的很多，不仅是做防伪标志，已经形成一个产业链。

公司创业者是从事技术出身，从 2012 年开始进行二次创业，完成了业务上的飞跃，公司的发展主要依靠自有资金的积累。由于该高科技行业属于小众化的市场，公司现有的资金能够满足当前的发展需求，所以没有进行银行借贷和资本融资行为，资金周转正常。但是随着公司发展重点的战略转移，规模的扩大，需要在企业发展过程中获得政府的帮助，公司的老员工较多，人力资本的结构较好，人才队伍较为稳定，很多是一直跟随着企业发展 8～9 年的员工，技术人员的年薪都在 20 万元以上，公司有完善的薪酬管理结构，每年都会调整薪酬。

该公司注册地不在上海某区，而在杨浦和浦东，但是公司对上海某区有着很高的评价，同时对上海某区领导的关怀表示感谢。调查对象认为，园区的发展对公司业务的开展帮助很大。园区给予了公司较大幅度的政策优惠，而且提供了免费的大型会议中心，以利于公司业务的开展。由于注册地不在上海某区，无法享受到上海某区的人才引进福利，出于对上海某区政府的信任以及上海某区发展的高度认同，公司正在考虑把注册地迁来上海某区。

对于上海某区创业园区所提供的企业文化环境，公司也持有高度的认同感。园区举办了各种丰富多彩的活动，在各种服务项目和服务内容中，培养了员工的团队精神和凝聚力,员工对创业园区的就餐等生活环境也较为满意。调查对象认为,园区食堂消费低,卫生环境干净,有利于员工安心工作。这种创业园区的发展理念很是让人感动,有利于企业的进一步成长。

对于上海某区政府的支持期望,主要包括两个方面:一是资金,希望政府能够在适当的时候,给予企业发展以必要的资金支持,至于资金的来源,没有过多的要求,无论是政府贷款还是搭建平台,或者,帮助企业引入天使资本都可以;二是人才政策,由于上海房价快速上升,人力成本和吸引人才的手段难以满足企业的发展需要,如果招聘的人才无法生存下来,没有固定的住处,无法享受到市民身份,那么,人才的稳定性就会受到影响,对公司长期发展影响很大。

7.4.2 服务业典型案例分析

1) 生产型服务业——合驿物流

上海合驿物流有限公司(简称:发网)创立于 2006 年,总部位于上海,是国内最早的专业电子商务物流服务企业,为电子商务商家提供一站式的物流配送服务,并提供全面的物流外包服务和 IT 系统支持,帮助商家快速建立电子商务物流体系。目前职工已经有 700 多人。2006 年到 2010 年的 5 年之间公司做线下产品,通过和天猫合作,成为天猫网的物流合作商,公司主要抓手是快递站点的铺设。但是,考虑到快递网络铺设成本巨大,为了精准选择经营目标,减少管理成本和压力,在 2010 年就进行了公司战略重置,撤掉了所有的快递网点,专注于做仓储,从最初的几千平方米到几万平方米,再到现在的几十万平方米。当前,公司的扩张面临着成本压力、管理压力和业务压力,为了缓解这些压力,公司不断地引进新团队,利用外来优势来弥补企业发展中的不足,目前基本上已经克服了这些困难,一步步走向成熟。

被调查者认为,当时转移到电子商务领域是看中了上海某区的创业文化氛围,以及上海某区在扶持创业企业中的优惠政策。当时,公司进驻上海某区获得了区各级政府部门的支持,也由于当时业务发展的第一个客户就是在上海某区,并且与客户之间有了很好的合作关系,建立了电子商务业务。

该公司在第二轮投资的时候,有过很多选择,在电子商务业务快速发展的背景下,当时的天猫合作有很多好处,并且能够吸引到天猫的投资,但是创业者本着独立、创新的理念,摆脱了天猫的束缚,开启了独立发展之旅,保留了业务发展多元化的本质,避免了沦为淘宝店主。

谈到竞争对手申通,被调查者表示,在一般快递业务中,申通是公司的供应商,但在仓库管理业务中,申通刚刚起步,没有形成自己的系统。相比较而言,该公司具有一定的竞争优势,目前公司在全国已经开辟了40多个站点。这些站点形成了企业的核心竞争力,未来企业可以通过电子商务,打造成供应链、物联网的源头企业。

在政策扶持方面,该公司一直通过物联网平台的科技公司,享受了很多创业政策的优惠,同时,该公司希望能够获得更大的优惠,尤其在资金的投入方面,根据其业务结构的需要,增加更多的投入,尤其是作为物联网特点的社会化资源,一旦有了资金的注入,企业一定能够快速发展,给政府带来更多的税收收入,创造更多的就业。

2) 生产型服务业——会鑫会务

该公司创业仅四年,年营业额400多万,员工数3人,其中老总和妻子都在这个公司工作。这是一家兼有生存创业和创新创业特点的公司,一方面创业者没有完整的管理架构和系统,其创业者自身和妻子的薪水,没有纳入成本核算中;另一方面创业者的业务面较窄,对接几个大型的客户,没有广告的投入,销售靠口碑相传、朋友介绍;同时,创业者没有自己的专业团队,一旦承接了项目,往往很多业务要通过朋友圈分包出去,这样大大节省了成本,但也限制了自身发展的空间。

这家公司的创业者,具有行业从业经验十余年,主要承接单位内部的年会、运动会、周年庆等活动,每次的项目额在10万到80万不等,创业者借助于自己行业经验精耕细作,致力于打造优质、精细的会务服务。其主要大型客户为上药实业集团及附属公司。创业者展示了其策划的部分活动方案,并指出有4T存储的方案资料是创业者最具有核心价值的积淀,这也是他特别看重的。创业者还展示了其高档的会务装备,并指出这种设备的投入成本很高,但是作为技术手段,是非常值得去投资的。

创业者选择上海某区的主要原因是他住在上海某区,并且在上海某区置业,由于距离地铁沿线较近,加上平时开车进市区,也没有感觉有不方便。创业者住处楼下就是月浦社保中心,能够较好地了解月浦镇提供的各项创业支持政策。创业者提到,曾经享受过免息贷款、税收优惠等,尽管他并不了解具体的优惠政策和力度,也并不在意是否能够获得足够的政策支持,但是,对于社保中心的工作大多给予肯定,对于创业政策大多表示欢迎,认为有利于企业的进一步发展。

未来,创业者将认真思考当前发展过程中遇到的问题:一是工作时间过长,创业者每天只休息6个小时,完全无法腾出时间思考公司发展;二是公司发展面临瓶颈,创业者缺少专业的人才队伍,需要培养和引进专业合伙人,加快发展速度;三是创业者亟须参加创业培训和学习,真正增强进一步发展的能力和视域。

从政府层面可以在以下几个方面为这类型的企业发展提供支持:①通过活动搭建创业企业交流的平台,让创业者能够在成长的同时,扩大业务视域,提升战略管理水平;②提供更加灵活的贷款政策,让创业者在发展过程中,能够有足够的资源可用;③创业导师培训计划,提供创业者财务制度、公司管理理论、创业战略思维等课程,让创业者能够走出生存性创业的瓶颈,实现更加广阔的发展,真正带动就业。

3) 生活型服务业——聪明豆幼儿用品

这是一个位于绥化路 168 号的幼儿用品商店,是一个典型的生存性创业的代表。商店共有两名投资人,10 年前一对好姐妹在聊天中无意间讨论无法为小孩购买到满意的奶粉、尿不湿,就这样产生了创业的念头。有了这个想法,两个好姐妹就开始找店铺、觅门店,终于在距离地铁不远、离家只有一趟车的地方,找到了店铺,而且一做就是 10 年。据店主介绍,该店铺没有外来雇工,平时只有两个店主按照做一天休一天的规律排班,谁有事情另外一个就可以顶上,十年下来运行良好。店主也依靠此店,养活了两个家庭。据店主介绍该商店的年度营业额,可以达到每年 100 多万元,按照 15% 的纯利润,一年可以获得近 20 万元的利润。店主介绍,可以满足一家人的开销,比上班更加自由一些。在税收政策上,店主比较满意,尽管不知道大致能够有多大的返税力度,但是表示每年都会有几万的力度,能够切实减轻经营的困难。

面对电商的冲击,店主也表示,2012 年之后的三四年冲击较大,但是,线下交易也成为不可或缺的补充。厂家为了保证商品的有序竞争,也正在通过分销系统规范网络乱降价的行为,这种有序竞争的市场,从长久看更有利于厂商和经销商的生存和发展,也更利于消费者获得质优价廉的产品。

月浦社保中心,也经常提供就业援助和支持,举办各类型的就业讲座、就业培训,为企业家、店主提供交流的机会和平台,能够帮助店主成长和进步。店主认为,新生代的网络创业者充满了活力,资产规模也越做越大,能够代表着业界发展的希望和未来。

7.4.3　互联网＋典型案例分析

1) 互联网＋通信——微盟

"微盟"3 年前将公司注册在上海某区,天使投资 300 万,估值 1 000 多万,2014 年 1 月份搬进园区,2015 年 11 月 11 日海航领头完成了 C 轮融资

5个亿,发展规模为园区最大,目前估值超过17个亿。业务内容为微信公众号、微信第三方服务商,目前为全国最大的微信服务商,当前渗透了微信号、门店、移动社交支付、保险、金融等六大领域。2016年年初受到了上海市委书记韩正的接见。发展规模日益扩大,从一层1760平方米,扩大到二层、三层楼面,公司已从16人的创业小团队发展到近2000人,成为中国最大的微信第三方开发服务商。2016年11月底搬进属于自己的微盟大楼,也在上海某区,和腾讯旗下的子公司有重要合作。

该企业能够在上海某区迅速发展壮大主要离不开两点:一是园区的平台,园区的平台使得企业具备了良好的基础,良好的环境使得企业发展生机勃勃;二是政府的支持,给创业企业的腾飞插上了翅膀。

谈及选择落户上海某区的原因时,创业者孙涛勇说,这是因为上海某区在对于像微盟这样的创新型移动互联网企业给予很多支持。比如税收减免、房屋补贴、扩大办公场地的资金支持,对知识产权和新项目开拓上的扶持等。上海某区行政服务中心,则加快了各项行政审批速度,使得微盟充分享受到政策红利。

2) 互联网＋猎头——猎上网

猎上网络科技(上海)有限公司成立于2012年8月,现有员工近300人,总部位于上海,在北京、广州、深圳设有分公司。猎上网是一个新型模式的猎头服务交易平台,目前在国内还没有同样模式的平台存在。被调查者将猎上网称之为"招聘行业的阿里巴巴"。猎上网以工具切入,致力于提高猎头工作效率从而提高HR的招聘效率。目前平台上已经有10万注册猎头顾问,为3万多家企业提供猎头服务。

在过去十几年,招聘行业完成了从传统纸媒走向互联网的跨越。20世纪末期,以前程无忧(51job)、智联招聘(zhaopin.com)为代表的互联网招聘网站相继成立,后来又出现了以Linkedin为代表的SNS模式的招聘形式。近几年,还有猎聘作为前程无忧的升级版也在市场上风生水起。但无论前程无忧还是猎聘,都逃离不了一个本质的模式,那就是招聘广告的信息发布和买卖简历库。

谈到公司发展所需的资金来源,受访者表示,A轮是华创、IDG共同投资,刚刚完成B轮融资,2014年初搬到华滋奔腾。他通过《上海商报》了解了信息,当时到闵行去谈,把单位引进园区。2015年5月1日,受到了刘延东副总理的接见,也受到了韩正书记的接见。猎上网CEO是一位女性。公司占地面积3500多平方米,未来的发展空间很大。公司定位为全国唯一一家对结果负责的平台。中高端人才的招聘,三个月试用期,不满意不支付任何费用。公司业务发展较为稳定,目前,在网上有 10 万多名猎头为其服务,三一重工和三十多家上市公司也是其服务对象。猎上网谈得较多的就是平台,建立了猎头学校来培训猎头,通过建立猎头资料库,进行数据挖掘,并利用这一数据平台匹配人力资源,做了一件对社会、政府有益的事情。公司曾经设想做退伍军人的猎头工作,后来由于各种原因未能成行,但是其理念足以说明猎上网在人力资源匹配中起着重要的地位和作用。

猎上网的发展是伴随着行业冲突所形成的。针对猎上网的业务优势,猎上网还发布了一款针对职场精英人群使用的跳槽神器——滴一猎头。滴一猎头主要服务对象为中高端人才,使用者可以随时在滴一猎头 App 上呼叫猎头,像使用打车软件一样方便易用。当猎上网平台收到来自求职者的呼叫时,会根据求职者的意向来匹配最为合适的猎头,这一匹配算法也是猎上网独家研发,精准度极高。使用"滴一猎头"的求职者们不仅可以获得猎头推荐,更可以通过 App 查看最近进展。

2016 年 8 月 30 日,猎上网 C 轮融资成功,融资金额 2 亿元。猎上网能够融资成功主要有两方面原因。一是鉴于中国人力资源服务市场为刚需市场,且目前国内中高端人才主要通过猎头招聘,猎上网很好地抓住了企业和猎头两端的需求,通过搭设标准化的第三方管理平台,成为中国首家以人才及职位大数据为中心的中高端招聘服务交易平台,堪称人力资源服务领域的阿里巴巴。大华创投团队非常看好猎上网明确的商业模式与发展路径。二是人力资源服务市场在中国属于朝阳行业,正处于快速发展时期,发展前景广阔。公司近几年来发展迅猛。营业规模:2012 年成立不到 40 人,2014年雇员为 70 多人。公司当时正在转型寻求新的创业地区,上海某区领导重视,2014 年 2 月 4 日夏区长带领主要领导去闵行发出了邀请,并承诺房租减免、资金配套。在一年半的时间里已经发展为两层楼,3 000 多平方米的办公空间。

从企业的发展规模来看,该公司 2013 年营业额为 400 多万元,2014 年为 6 000 多万元,2015 年为 7.5 亿元,2016 年为 8 亿元。其发展模式为 B to B to C,和前程无忧的最大区别是提供的服务不同。至此,猎头、企业、求职者三端互为支撑,也就是说,猎上网平台重构人力资源交易链的基础设施建设基本完成,在中高端人才招聘领域的生态闭环已经形成。匹配工作不是由人的大脑完成而是通过后台的大数据完成。

该企业发展中获得了政府的大力支持,比如在社保卡办理过程中,能够获得政府及时、有效、快速的处理,对企业的人才引进产生了积极影响。

但是也存在一些问题:①房租补贴。很多企业没有去申报的原因是,申请配套的时期较长,补贴下来后,如果这个人留不下来,企业不一定拿得到,企业所申请的工作就白费了,所以,企业的积极性不高。②人才落户政策。由于企业发展规模扩大后,创始人的股份已经被稀释掉了不到10%,无法享受到上海的落户政策,同时,很多政策在办理过程中手续繁琐,难以落地。③企业的创业成本较高。公司希望能有一个好的创业氛围,但是晚上加班因为补贴不到位,灯光不够,空调也被关掉。如果要加班,那就需要企业按照一个小时600元支付空调费,这样两层楼一天就是1 200元,一个月下来成本就是36 000元,一年夏天三个月冬天两个月开空调需要180 000元,增加了企业的成本。

该公司对上海某区创业环境的评价:

①随着国家对于创业创新工作的重视,经过上海某区委区政府的努力奋斗,上海某区创业的硬件环境较以前有了很大的提高;②在创业政策、文化等软环境上,上海某区还需要进一步转变政府职能,提供优质的政务服务内容,给企业带来实实在在的实惠,从而留住企业的根;③希望政府在公共服务购买和资源调配中,向创业园区以及园区内的企业倾斜。比如政府举办就业招聘会,提供就业服务的安排,也可以把就业促进预算花费用在推进园区内企业建设上。

政策优化建议:

①希望政府把对人才的房租补贴,以补贴到企业的形式发放,或者凭借用工合同补贴企业员工,这样可以让企业有动力去申请补贴,并让这笔资金成为企业留住人才的金手铐;②建议政府政策要从企业的实际需要出发、从企业的发展出发制定,比如空调问题可以企业出一点、政府出一点、园区让一点;③希望政府领导能够对重点扶持企业多关心。

3) 互联网+金融——融贷通

上海富由投资管理有限公司作为一家综合性金融服务商,已经成立6个年头,富由集团依托上海股权托管交易中心,为中小企业提供挂牌上市保荐、战略规划、商业模式升级等全方位的综合性融资服务。目前集团有三个品牌:融贷通、畅发资本和富由资产。富由集团通过这三个品牌,来解决中小企业融资难、融资渠道匮乏、个人和企业资产管理难的问题。融贷通作为一家综合性的金融信息服务解决商,通过IT技术在线上抓取中小企业的融资信息,并对它进行有效的分类,属于互联网科技金融的范畴。上海畅发投资管理有限公司作为上海股权托管交易中心优秀的保荐机构,已经在近三年成功地保荐挂牌200余家中小企业,在行业内积累了深厚的保荐经验。服务的客户有花旗银行、平安银行、民生银行、净化控股、宝厦集团、武汉六建及各行业知名品牌。累计服务企业 4 万余家、成功推荐企业挂牌上市 100 余家、帮助企业融资 3.8 亿、1 288 个贷款产品、成功申贷 12 万人次、全国近百个渠道商。

融贷通主要在做 P to C 而不是做 P to P 的平台,在规范市场的同时,也规避了信用的风险。它放弃了做大的机会,放弃了 P to P 的商业模式,选择了帮助中小企业走股权融资的道路,每年都会组织一些活动,比如大型活动参与者有几百人,小型的有几十人。只服务于企业,帮助企业做上市,做战略规划,做展示、股改、注册、财税管理。在自媒体做了"我人我秀",对已经挂牌的企业做一些采访。这些活动费用都是自己出。

在金融危机的时候为了度过危机,公司创始人带着问题去银行学习。2009 年在银行工作两年后,他学习银行金融业务的同时,凭借行业的敏感性,对草根金融充满了信心,再次做起了金融服务业务。基于科创大赛,推出科创基金,该产品还在设计中,一年能够接触到 4 万家各类型科创企业。公司具有良好的创业企业客户资源,通过比赛、筛选、配置和服务企业上市。

该公司研究生的比例超过 20%,团队成员包括法务、会计师、证券从业人员。

创始人选择在上海某区创业的原因之一是因为其对上海某区有着深厚的文化认同,觉得上海某区的创业环境较好,政策较为宽松。创始人的户口在杨浦,后来由于家庭的关系,户口关系在上海某区。上海富由投资控股公司是上海某区金融联合会的会员单位,是唯一一家民营金融企业,年销售额达 3 000 多万元。CEO 是吉林工大计算机专业,2002 年转行金融,在平安银行和民生银行工作,在读复旦 EMBA。

该公司选择上海某区创业的原因之二是其有着独特的地理区位,离市区较近,方便业务的进一步开展。该企业对于政府的政策支持,没有特殊的要求,政策环境对企业发展影响较少,由于创始人有的是知青的后代,户口在上海某区,对其有着特殊的感情。其企业文化也值得推崇,每天清晨在公司内打太极,其理念也渗透到公司治理中。曾经为了规避金融危机,创始人重新跳入光大银行、民生银行去做客户经理,反思金融市场的机会与风险。待时机成熟后,取得了为公司上市提供服务的牌照,为企业股权投资提供上市、挂牌、法律、财务、咨询等服务。

创业中的瓶颈和难点:

①人才的发展速度跟不上企业发展的速度。2014 年公司做了 100 多万的销售额,2015 年做了 800 多万,2016 年更多。原有三个场地,上海某区有两个基地,作为一个坚持了 6 年的公司,在金融行业也非常不容易,加入了全

国金融产业链中。②认为创业环境影响不是很大,但是认为一个好的创业环境对公司会有一个很大的帮助,有很多人对创业环境有着依赖,如果有更好的创业环境,还是有好处的。

对进一步改善创业的期望:

①上海某区的金融办康主任来过,认为上海某区在经济转型中也在不断地完善制度,未来肯定会有更多的政策出台,创业企业在上海某区能够获得更多的实惠;②同时希望,上海某区要在创新文化上有所突破,比如创业者要有魄力,要大胆创新,改变本地人胆子不大的特点,政府可以推动企业挂牌上市,提高企业的知名度,带动资源,提升产值规模,那么,企业税收就会贡献多。

该企业认为,人力资源的积累跟不上公司发展的步伐。由于公司致力于投资、上市等股权投资,专业性较强,需要大量的人才,但是由于招聘、培训的问题,这方面成熟的人才往往短缺,所以,人才对公司而言是关键性资源。

4）互联网＋软件——乐呈空间

乐呈空间的前身是秀群信息技术有限公司,主要做一些传统软件,具有十余年的历史。现在的主要业务是技术天使,通过技术投资、技术支持,投资新型公司的股权,具有不同比例的股权收益。业务涉及大移动开发、订阅号的开发,2012 年公司年度营业额为 4 000 多万,2013 年为 5 000 多万,2014年为 7 900 多万,2015 年只有 4 700 多万。销售额下降的主要原因是公司业务的战略转移、转型,从传统的软件开发,转移到技术天使的项目中去,由于投入较大,暂时无法取得收入。

在公司的创新业务方面,主要通过自主 APP 开发、软件技术开发、参股小型技术服务公司,公司以合伙人制度开展运营,以技术的形式占据公司股份,技术入股的比例根据不同投资主体的运行状况,确定不同的合作方式。具体的业务领域包括乐学教育体系、0～3 岁婴儿健康知识平台、焊接工艺智能化管理平台。

由于公司业务属于互联网平台业务,可以享受上海某区的政府创业基金扶持补贴,主要包括享受房租减免的补贴,这给公司的发展提供了重要支持,大大减轻了企业发展的负担。

7.5　优化上海某区创业环境的对策建议

通过调研不难发现,上海某区在区委区政府的努力下,创新创业工作取得了较快的发展,从简化服务理念、优化服务流程、改善政策环境的角度,在创业中遇到问题的时候真正为企业服务,而不是踢皮球。上海某区至少可以从以下几个方面入手:充分考虑政策执行者的需要,努力构建良好的园区与企业关系,充分发挥创业园区的服务能力,对创业企业的观察能力,让园区和重点创业企业参与到政策制定的征询环节中来,让政策的制定过程更接地气。主要优化建议包括:

7.5.1　转变政府职能,优化政策流程

一方面,各级政府亟须实现从管理者到服务者的角色转变,真正做到"职责法定化""权力清单化""监管标准化""服务常态化",顺利实现政府职能转变;另一方面,政策的制定应该立足于服务对象的现实需要,政府应该从政策需求入手,展开充分的调研,对接中央、上海两级政府双创工作的目标,从上海某区的实际出发,从上海某区创业企业面临的问题出发,提供开门会议,多向园区、创业企业征集意见,优化政策制定和实施反馈的全过程。加强政策的顶层设计,加强与高校研究机构、咨询机构的合作,嵌入第三方参与的政策评估机制,从政策前期的调研、政策效果的评估、政策实施的反馈等环节,对创新创业政策进行全过程规划和管理。

7.5.2　明确财政责任,理顺府际关系

在资金配套政策中,需要明确街镇财政和区级财政之间的关系,充分考虑到街镇财政的承受能力,对于起步较晚、发展潜力巨大的园区,区级财政要给予一定的支持力度,鼓励园区、创业企业积极发展,对于产业链条完整、财政基础雄厚的街镇,需要承担一定的财政责任,为辖区内的创业园区和创业企业提供资金配套与支持,这样才能让优秀的创业企业享受到最大的实惠,使得创业扶持政策真正起到吸引企业、留住企业的作用。

7.5.3　整合园区资源,搭建资金平台

对于创业企业而言,除了需要好的创业项目和创业团队,资金不足是一个重要问题。这就需要动用政府优势,加强园区创业服务孵化资金建设,为企业发展提供资金支持。调查显示,部分创业型园区有愿望为其园区的创业企业提供资金支持,但是,在资金规模上存在一定的弱势,希望政府能够提供一定的平台资源,通过政府打造或者政府扶持打造创业基金,为创业企业提供类似于创业天使投资资金的支持。对接政府与园区需求,利用成熟的案例以点带面,园区有这个愿望,需要政府提供资金对接的安排。创业园

区表示可以灵活运用各类资金合作形式,既可以创造出政府与园区的协同基金项目,也可以搭建园区与园区、园区与企业的协同基金项目,多方共同参与,政府负责监督、企业组织运营,为创业企业提供充裕的资金支持。

7.5.4 整合职能部门,服务园区发展

优化政府对于创业型企业或者园区的服务性部门对接,使得园区或者企业能够接受到政府部门的直接辅导与对接,更好地帮助企业和园区的成长。比如华滋奔腾被评为上海市孵化器的示范企业,上海经信委等五部门评出的四家之一,为上海移动智创生产型服务业功能区,需要进一步发挥政府的政策优势,扶持创业园区的成长,更好地服务于企业和园区建设。

7.5.5 优化服务项目,组织高端培训

有针对性地根据企业的发展阶段,对企业 CEO 进行培训。借鉴成熟地区如浙江的经验,由政府出面给辖区内各类成长性企业的 CEO 及高级管理人员进行培训。对于具有市场开发需求或者资源整合愿望的企业而言,培训不仅有利于实现企业发展理念的转型升级,而且有利于为企业发展搭建资源对接、信息共享的平台。政府的相关职能部门可以通过牵线搭桥,组织社会性的培训机构为辖区内企业的创始人提供有针对性的培训。而对于业务成熟、发展稳定,但缺乏发展战略或者经营愿景的企业,培训有利于厘清企业发展思路,为企业进一步发展奠定基础。

7.5.6 优化人才扶持政策,增加人才政策优惠的力度

面对十三五时期上海市人口战略的目标,上海某区需要从人口大区向人才强区转变。对于创新型人才而言,搭建实地资源对接的平台,积极利用区政府的创业补贴举办半年或一年的对接和活动,帮助和培养大学生,做得好的就可以留下来。

7.5.7 增加法律辅导,缓解劳动矛盾

对人保局的建议:突破人保局的瓶颈。在企业的创业初期,周六、周日加班加点几乎是创业园区的常态。由于加班引发的劳动争议和劳动仲裁的案子很多,这就需要劳动部门进行一对一辅导,帮助创业企业的人事部门熟悉劳动法规,培养创业企业的劳动合同意识,避免劳动仲裁。企业要提高劳动用工意识,请政府劳动部门给企业培训、上课。培训的主要内容包括:劳动保险、年休假制度、劳动法、劳动合同法等。

　　总之,政府需根据企业的类型和特点,分类管理辖区内的创新创业类企业。可以大致把上海某区的创业类企业分为四个类型,即:经济效益好,能够带动就业的企业;经济效益好,带动就业少的企业;经济效益不好,带动就业多的企业;经济效益不好,带动就业少的企业。政府可以根据这四类企业的不同特点分门别类地进行管理。

　　一是经济效益好,能够带动劳动就业的企业,对于这类企业政府主要是为这类企业的发展提供优质的政策环境,鼓励企业进一步发展壮大,并为这类企业进一步在上海某区的拓展留下战略空间。二是经济效益好,但是带动就业少的企业,政府在营造优良的投资环境的同时,需要积极做好就业促进工作,分析企业的类型和性质,鼓励企业发挥自身的优势,多多吸纳劳动力就业。三是经济效益不好,但是带动就业多的企业,政府需要帮助企业找寻经济效益不好的原因。如果是落后产能企业,那么政府需要为企业搭建转型升级平台,帮助企业渡过难关,为企业及其职工提供各类培训,安排职工转岗;如果只是行业性周期,暂时性的资金困难,就需要财政给予一定的财政支持,搭建企业周转的资金平台。四是经济效益不好、吸纳就业少的企业,需要对企业进行发展阶段的划分,如果是成长期的企业政府需要在资金、人才政策、产业政策等方面给予全方位的支持;如果是夕阳产业,落后产能,那么政府就需要按照市场规律,鼓励兼并和重组,让企业焕发出新的生命力。

参考文献

[1] 王万山.政府支持创业的经济学解释及政策选择[J].企业经济,2016(5):5-15.

[2] 创业扶持政策的现状、价值及优化[J].中国青年研究,2017(2):77,84-89.

[3] 王晓书,邹金红,郭思齐.青年创业大赛实效性问题及对策研究[J].广西青年干部学院学报,2018,28(5):1-4.

[4] 刘畅,李兆友.创业公共服务体系的构建研究[J].云南民族大学学报(哲学社会科学版),2018,35(3):120-126.

[5] 温美荣.政府推进大众创业万众创新的政策效果评估与提升对策——基于H省的调研分析[J].理论探讨,2018(4):158-163.

[6] 刘新民,张亚男,范柳.创业企业家不确定性容忍度对企业迁徙决策的影响[J].科技进步与对策,2017,34(23):147-154.

[7] 肖喜明.促进我国青年创业的制度需求与制度供给分析——基于新制度经济学的视角[J].中国青年研究,2018(9):24,108-114.

[8] 余江,孟庆时,张越,等.数字创业:数字化时代创业理论和实践的新趋势[J].科学学研究,2018(10):1801-1808.

[9] 娄成武,甘海威.公共服务公私合作供给中的政府激励工具——基于T市的案例分析[J].武汉大学学报(哲学社会科学版),2018,71(2):166-174.

[10] 陈玲,王晓丹,赵静.发展型政府:地方政府转型的过渡态——基于沪、苏、锡的海归创业政策案例调研[J].公共管理学报,2010,7(3):47-51,124.

[11] 江永清.我国地方政府购买服务支持大众创新创业的实践模式比较[J].中国行政管理,2018(7):12-19.

[12] 王明杰. 主要发达国家城市创新创业生态体系建设比较研究——以德国、美国、英国、法国为例[J]. 行政论坛，2016，23(2)：99 - 104.

[13] 黄昱方，陈成成，陈如意. 政府支持下城市吸引海归创业人才的环境要素研究[J]. 科技管理研究，2014，34(12)：23 - 28，32.

[14] 曾国平，温贤江. 软环境对科技型小微企业成长力作用机理研究——以重庆微型企业孵化基地为例[J]. 科技进步与对策，2014，31(9)：106 -110.

[15] 李见顺. 宜昌市网格化社会管理的经验、问题与对策[J]. 湖北民族学院学报(哲学社会科学版)，2015，33(03)：67 - 71.

[16] 杨宗辉，田野. 网格化管理的再思考[J]. 暨南学报(哲学社会科学版)，2017，39(12)：27 - 32.

[17] 张丽，韩亚栋. 网格化治理："织网工程"和创新动因[J]. 求索，2018(03)：54 - 60.

[18] 柯尊清，赵晓菲，杨苏琳. 西部民族地区乡镇政府执行力问题及对策研究——昭通市 X 乡个案[J]. 云南行政学院学报，2013，15(05)：151 -154.

[19] 赵语慧. 网格化管理与政府职能定位[J]. 人民论坛，2013(02)：66 - 67.

[20] 竺乾威. 公共服务的流程再造：从"无缝隙政府"到"网格化管理"[J]. 公共行政评论，2012，5(02)：1 - 21+178.

[21] 童星. 社会管理的组织创新——从"网格连心、服务为先"的"仙林模式"谈起[J]. 江苏行政学院学报，2012(01)：53 - 56+67.

[22] 马树颜，常桂祥. 网格化管理与基层维稳机制创新[J]. 济南大学学报(社会科学版)，2013，23(06)：52 - 56.

[23] 李婷婷. 城市社区微治理的实践困境及其破解[J]. 理论探索，2018(03)：88 - 96.

[24] 叶岚. 城市网格化管理的制度化进程及其优化路径[J]. 上海行政学院学报，2018，19(04)：27 - 38.

[25] 彭莹莹. 社会治理评估指标体系的设计与应用[J]. 甘肃行政学院学报，2018(02)：89 - 98+125+127 - 128.

[26] 张权，尹昭慧. "解构"网格化管理[J]. 河北学刊，2013，33(05)：178 -181.

[27] 孙柏瑛，于扬铭. 网格化管理模式再审视[J]. 南京社会科学，2015(04)：65 - 71+79.

[28] 俞可平. 善治与幸福[J]. 马克思主义与现实，2011(02)：1 - 3.

[29] 文军. 从单一被动到多元联动——中国城市网格化社会管理模式的构

建与完善[J].学习与探索,2012(02):33 - 36.

[30] 张波.基于"互联网＋"的基层社会治理创新研究[J].电子政务,2017
(11):30 - 38.

[31] 李增元,刘枭林.信息化治理:农村社区治理技术创新及其实现途径
[J].社会主义研究,2017(06):98 - 105.

[32] 唐皇凤.我国城市治理精细化的困境与迷思[J].探索与争鸣,2017
(09):92 - 99.

[33] 党日红.《女职工劳动保护特别规定》实施问题研究[J].妇女研究论丛,
2013(02):51 - 56.

[34] 刘明辉.对退休年龄改革方案的性别检视[J].妇女研究论丛,2011(05):
19 - 26.

[35] 钱晓斐.保护女职工权益 构建和谐劳动关系的重要保障[J].妇女研究
论丛,2012(04):26 - 27.

[36] 李立新.劳务派遣女工的劳动权益保障盲点和法律完善[J].妇女研究论
丛,2013(03):41 - 48.

[37] 穆光宗.论我国人口生育政策的改革[J].华中师范大学学报(人文社会
科学版),2014,53(01):31 - 39.

[38] 彭希哲,李赟,宋靓珺,田烁.上海市"单独两孩"生育政策实施的初步评
估及展望[J].中国人口科学,2015(04):2 - 13＋126.

[39] 林燕玲.《女职工劳动保护特别规定》的六大亮点[J].妇女研究论丛,
2012(04):24 - 25.

[40] 彭希哲,胡湛.当代中国家庭变迁与家庭政策重构[J].中国社会科学,
2015(12):113 - 132＋207.

[41] 邱玉梅,田蒙蒙."陪产假"制度研究[J].时代法学,2014,12(03):63 -72.

[42] 马爱萍.女职工权益保障情况的调查与建议[J].中国劳动关系学院学
报,2013,27(05):45 - 48.

[43] 应铎.全面"二孩":如何让女性就业"软着陆"[J].中国就业,2015(12):
10 - 11.

[44] 朱恒鹏,彭晓博.医疗价格形成机制和医疗保险支付方式的历史演
变——国际比较及对中国的启示[J].国际经济评论,2018(01):4,
24 -38.

[45] 刘凯.倒逼的改革还是资源的优势?——医疗保险控制医疗费用增长
的动力及其地区差异[J].社会保障研究,2018(03):31 - 39.

[46] 刘凯,和经纬.激励机制、资源约束与监管成本——医保经办机构组织

能力影响医疗费用增长的实证研究[J].公共行政评论,2018,11(2)：114-136,192.

[47] 朱恒鹏.加强和创新社会治理　完善城乡居民医保制度——十九大报告学习体会[J].经济学动态,2017(12)：4-9.

[48] 申曙光,马颖颖.新时代健康中国战略论纲[J].改革,2018(04)：17-28.

[49] 余廉,庞玉芳,苏泽凤,等.医保付费方式改革对公立医院经济运行的影响[J].卫生经济研究,2016(07)：45-48.

[50] 王虎峰.我国医联体的功能定位与发展趋势——以罗湖医疗集团为例[J].卫生经济研究,2018(08)：3-6.

[51] 管仲军,陈昕,叶小琴.我国医疗服务供给制度变迁与内在逻辑探析[J].中国行政管理,2017(07)：73-80.

[52] 王演艺,高继龙.医疗保险视阈下医养结合结构关系与实施优化[J].中国全科医学,2017,20(3)：278-282.

[53] 刘松辉,沈世勇.论医养结合推进过程中政府管理的价值取向——基于协同政府视角[J].中国发展,2019,19(01)：77-82.

[54] 于莹莹,沈世勇,丁娜.积极老龄化背景下促进老年人有效参与劳动的途径[J].中国老年学杂志,2019,39(01)：236-238.

[55] 沈世勇,张健明,曾瑞明.论医保基金收支平衡中的价值取向——基于制度可持续的视角[J].医学与哲学(A),2017,38(05)：38-42.

[56] 沈世勇,张健明.浅议我国医疗卫生领域的供给侧结构性改革[J].社会政策研究,2017(02)：76-85.

[57] 沈世勇,李全伦.医保基金收支平衡制度的演化机理分析——从数量平衡到质量提升[J].财政研究,2016(04)：60-70.

[58] 沈世勇.社会医疗保险基金收支的可持续性透析[M].上海：上海交通大学出版社,2014.

[59] 沈世勇,李全伦.我国医保基金收支中的公平性分析：基于制度可持续的视角[J].求实,2014(10)：58-64.

[60] 沈世勇,李全伦.论医保基金收支中的承诺兑现——基于制度可持续的视角[J].现代经济探讨,2014(01)：51-55.

[61] 许才明.基层政府公共卫生治理能力研究[J].浙江学刊,2016(06)：115-119.

[62] 申曙光,曾望峰.互联网时代的大数据与医疗保险治理[J].社会科学战线,2018(07)：224-232.

[63] 王浦劬,雷雨若,吕普生.超越多重博弈的医养结合机制建构论析——我国医养结合型养老模式的困境与出路[J].国家行政学院学报,2018(02):40-51,135.

[64] 胡文秀.远程医疗对提升卫生服务水平的促进作用及对策建议[J].学习与实践,2018(01):80-84.

[65] 国家卫生和计划生育委员会.2016中国卫生和计划生育统计年鉴[M].北京:中国协和医科大学出版社,2017.

[66] Stano M. A clarification of theories and evidence on supplier—induced demand for physicians' services [J]. Journal of Human Resources,1987:611-620.

[67] 熊振华,方卫,徐海亚等.上海市社会办医疗机构基本医疗保险医疗费用分析[J].中国卫生经济,2018,37(6):5-8.

[68] 陈永正,李珊珊,黄滢.中国医改的几个理论问题[J].财经科学,2018(01):76-88.

[69] 卫健委体制改革司司长梁万年:公立医院改革核心是围绕药价虚高发力[OL].http://www.nbd.com.cn/articles/2018-12-05/1279151.html.

[70] 唐飞泉,杨律铭.我国医养结合模式探索和创新[J].现代管理科学,2018(12):51-53.

[71] 王浦劬,雷雨若,吕普生.超越多重博弈的医养结合机制建构论析——我国医养结合型养老模式的困境与出路[J].国家行政学院学报,2018,(2):40-51,135.

[72] 潘锦棠,张燕.社会保障中的平等公平效率[J].国家行政学院学报,2015(06):61-66.

[73] 汤兆云.马克思社会保障公平思想及其启示[J].马克思主义研究,2017(03):140-146.

[74] 丁建定.试析习近平新时代中国特色社会保障思想[J].当代世界与社会主义,2018(02):80-88.

[75] 丁建定.改革开放以来党对社会保障制度重大理论认识的发展[J].社会保障评论,2018(04):31-42.

[76] 高和荣.底线公平:新时代中国社会保障的价值要求[J].厦门大学学报(哲学社会科学版),2018(03):9-14.

[77] 解垩.养老金与老年人口多维贫困和不平等研究——基于非强制养老保险城乡比较的视角[J].中国人口科学,2017(05):62-73+127.

[78] 高蓉,苏群,沈军威.中国农村收入差距、医疗保险对居民健康不平等的影响[J].江苏农业科学,2016,44(05):569－572.

[79] 卢洪友,杜亦谚.公共教育融资的平等与增长效应——基于生育率和人力资本双重视角的理论与实证研究[J].武汉大学学报(哲学社会科学版),2018,71(03):135－146.

[80] 严冬.高等教育中平等受教育权的大众认识与反思[J].西南政法大学学报,2018,20(04):70－79.

[81] 石大千,张哲诚.教育不平等与收入差距关系再检验——基于教育不平等分解的视角[J].教育与经济,2018(05):48－56.

[82] 马桂峰,蔡伟芹,王培承,郑文贵,盛红旗,仇蕾洁,高倩倩,井淇,马安宁.我国不同社会医疗保险参保群体卫生服务利用不平等研究[J].中国卫生经济,2017,36(12):28－31.

[83] 彭晓博,王天宇.社会医疗保险缓解了未成年人健康不平等吗[J].中国工业经济,2017(12):59－77.

[84] 王浩名.中国女性社会保障替代率变动影响因素贡献度与脉冲响应实证分析——基于混合回归分解和 VAR 的检验[J].经济研究参考,2015(44):62－70.

[85] 江波.论家庭与社会保障互补:女性两种就业方式与人的发展选择[J].改革与战略,2017,33(11):47－52.

[86] 孙敬水,赵倩倩.中国收入分配公平测度研究——基于东中西部地区面板数据的比较分析[J].财经论丛,2017(02):18－27.

[87] 白晨,顾昕.中国基本养老服务能力建设的横向不平等——多维福祉测量的视角[J].社会科学研究,2018(02):105－113.

[88] 邓大松,贺薇.通往公平分配之路:基础养老金全国统筹中的政府责任分析[J].西藏大学学报(社会科学版),2018,33(03):187－191.

[89] 中共中央国务院.国务院关于建立全科医生制度的指导意见[Z].2011.

[90] 上海市政府.关于本市全面推广家庭医生制度的指导意见[Z].2013.

[91] 尚晓鹏,杨清,邱银伟,等.浙江省家庭医生团队签约服务能力评估指标体系构建[J].中国全科医学,2018(12):1－5.

[92] 李彤,朱继武,张秋.我国家庭医生签约服务的分析——基于横向对比与动态发展的视角[J].中国全科医学,2018,21(33):4041－4046.

[93] Murphy m,Hollinghurst s,Cowlishaw s,等.世界家庭医生组织(WONCA)研究论文摘要汇编——全科患者就诊结局评估问卷:一种新型评估工具的信效度研究[J].中国全科医学,2018,21(21):2528.

[94] 吴欢云,张伟东,吴菁,等.家庭医生责任制下城市远郊社区卫生服务模式的探索与实践[J].中国全科医学,2014,17(1):22-24.

[95] 范转转,刘园园,杨倩,等.我国家庭医生签约服务存在的问题研究[J].卫生经济研究,2018(11):54-56.

[96] 李莓.家庭医生式服务运行机制现状及对策研究[J].中国卫生事业管理,2015,32(4):253-254,281.

[97] 于丽君,阚凯.论家庭医生服务中患方的法律风险与防范[J].卫生经济研究,2018(10):17-20,24.

[98] 戴卫东,陈岑.家庭医生签约制度的分级诊疗效果研究[J].中国公共卫生,2018,34(07):1-5.

[99] 刘梅,赵伟忠,陆海峰,等.邻里中心卫生单元对开展家庭医生服务的影响研究[J].中国全科医学,2018,21(31):3809-3813.

[100] 侯进,陆新建,蔡利强.农村社区家庭医生责任制服务效果评价与对策探讨[J].中国全科医学,2016,19(10):1137-1142.

[101] 黄蛟灵,邱宝华,梁鸿,等.签约家庭医生对居民医疗费用的影响分析[J].中国卫生经济,2018,37(5):46-49.

[102] 袁立,周昌明,江萍,等.上海市长宁区居民家庭医生制服务的需求情况调查[J].中国全科医学,2014,17(32):3860-3864.

[103] 贺哲,邵飘飘,邵天,等.湖北省基于家庭医生视角的家庭医生签约服务开展影响因素及对策研究[J].中国全科医学,2018,21(28):3447-3452.

[104] 王荣英,张金佳,赵稳稳,等.石家庄市社区居民对社区卫生服务的满意度及家庭医生签约现状调查[J].中国全科医学,2018,21(31):3896-3900.

[105] 刘薇薇,侯莹,冯洁,等.重庆市家庭医生签约服务需求与签约现状研究[J].中国全科医学,2018(12):1-6.

[106] 沈世勇,吴忠,张健明,等.上海市家庭医生制度的实施效应研究[J].中国全科医学,2015,18(10):1132-1137.

[107] 余澐,张天晔,刘红炜,等.上海市社区家庭医生制服务模式的可行性探讨[J].中国初级卫生保健,2011,25(10):7-11.

[108] 江萍,赵晓鸣,徐蕾,等.上海市长宁区家庭责任医生制度设计与实施方案[J].中国卫生政策研究,2012,5(6):9-13.

[109] 郭华,蒋远胜.医疗保险保障水平提高是否增加医疗服务的诱导需求——以成都市城乡居民为例[J].农业技术经济,2014,17(1):

120 -128.

[110] 秦江梅,张艳春,张丽芳,等.社区卫生综合改革典型城市慢性病管理现状及存在问题分析[J].中国全科医学,2013,16(28):2621 -2623.

[111] 中共中央 国务院印发《"健康中国 2030"规划纲要》[Z].2016.

[112] http://www.xinhuanet.com/politics/2016 -10/25/c_1119785867_3.htm.

[113] 胡善联."健康上海 2030"规划纲要之我见[J].卫生经济研究,2017(06):3 -6.

[114] 滕黎.家庭医生服务模式下构建和谐医患关系的思考[J].医学与哲学(A),2018,39(3):38 -41.01-+21-+20--+2

索　引

后 记

　　不知不觉这本书的整理已接近尾声,回首这几年在城市管理研究中的点点滴滴,一切都还历历在目。这本书是笔者近年来所承接各项上海决策咨询项目的基础上完成的。在项目完成过程中得到过上海市相关部门、各区职能部门、镇政府、企业园区、人保局、医保局、上海工程技术大学公共决策支持研究基地等职能机构的配合帮助,在此表示衷心的感谢。

　　在创业典型案例的研究中,宝山区委区政府的主要领导给予了大力的支持。在调查中发现很多园区和创业企业对宝山区委区政府的工作给出了高度的肯定,认为领导们不止一次地视察园区,了解园区创业企业的生存状况和创业瓶颈,并及时协助解决问题,扶持初创企业开展创业工作。同时,宝山区人保局的相关领导和部门负责同志也对课题的调研提供了诸多便利,从园区的选定到调研时间的安排,都体现了其高效的工作作风。而园区的企业和创业企业家代表、创业企业的战略部门也分别对调研问题认真聆听提问,并在深思熟虑后做出回答,以使得课题组能够收集到真实、有效的数据资料,了解创业企业的成功秘诀和存在的问题,使得该部分得以成文。

　　在网格化管理与治理的研究中,首先要感谢佘山镇人民政府给予的大力支持。正是由于其在网格化管理中遇到的现实问题启发了研究的出发点和可能性,在整个调查研究中,从网格实施情况的介绍,到调研对象的选取,乃至整个研究报告的修改和论证,都凝聚了相关领导和职能负责同志的真知灼见。之后网格化治理的选题也获得了上海市发展研究中心决策基地项目的支持,使得课题组能够从更加广阔的城市视域反思问题,讨论问题。在课题答辩会上,上海市发展研究中心的专家组同志更是对相关内容提出了建设性的建议。相关内容成型后,受到上海政法大学科研处副处长赵运峰教授的邀请,参加了上海市"首届基层治理法治论坛",并将相关内容做了主题发言。会上,上海市法学会汤啸天副秘书长、上海大学李友梅教授对报告内容作了精彩点评,他们对该章节内容的完善做出了重要贡献。

在女性特殊权利保护的研究中,要特别感谢上海市教委工会对项目研究给予的支持。上海教委工会的相关领导和负责同志,从项目立项、项目中期、项目结项,都邀请了业界专家共同讨论研究对象、研究方法、研究内容,并对研究开展中的困难给予大力支持。这部分内容的成型和关键性问题也要感谢华东师范大学的石云教授、上海工程技术大学宣传部徐吉平副部长等专家对相关内容给予的肯定,使得该项目在年度立项中获得了一等奖的好成绩。还要感谢上海工程技术大学工会柳如龙主席、刘江副主席,上海工程技术大学社科学院工会杨晓华主席对该部分研究提供的支持和帮助。

在民营医院社会医疗保险基金使用的研究中,要特别感谢松江区人力资源与社会保障局、松江区医保局的领导和负责同志。2014年,我曾经有机会在松江区医保中心挂职学习一年,在这一年时间里,松江区医保局殷华主任、周敏主任等领导,不仅从业务上给予指导,而且在生活上给予帮助,让我有幸能够接触到医疗保险的征缴、发放等行政业务流程。也正是由于这次交流,使得双方加深了了解,产生了进一步合作的愿望。在局领导和相关骨干成员的帮助下,我们一起梳理问题攻坚克难,提炼相关观点。正是由于有了她们的帮助和支持,才有机会接触到相关数据,并展开分析,进行一次次的交流讨论,她们对报告的成型做出了卓有成效的贡献。

在社保政策实施效应的研究中,该部分作为上海市妇联决策基地的重要项目之一,受到了上海市妇联领导的重视,从调研地点、调研对象、调研组织中给予了无私的帮助。相关内容在上海工程技术大学妇女研究中心"女性发展与社会治理"论坛中做了交流和演讲,旨在为推进妇联组织落实2014年上海市委1号课题6+1文件精神提供理论支撑和积极建议。在会上,上海市人民政府发展研究中心社会文化处陈群民处长、上海大学文科处张海东处长作了精彩点评,两位专家也对相关内容的进一步凝练提出了意见,对该部分内容的整理和修改做出了贡献。

在市民健康基层守护的研究中,该部分内容首先得益于上海理工大学副校长吴忠教授主持的上海市发展研究中心的决策咨询课题。正是吴教授的邀请,我才有机会进入了上海市家庭医生制度实施效应研究的课题组,能够有幸参与到全上海家庭医生现状的调查中。项目的调查也得到了上海市政府发展研究中心的鼎力支持,使得调研工作顺利开展。还要特别感谢上海工程技术大学2016届研究生,正是由于他们不辞辛苦的调研使得相关数据得以收集和整理。也要感谢课题组的其他老师,他们各自带领一支调研小分队,在炎炎夏日中开展调研工作,他们工作作风硬朗,有着高度的敬业精神,激励着我将研究工作持续下去。

还要特别感谢上海工程技术大学社会科学学院的各位领导和同事,正是由于他们的帮助,使得相关科研工作能够顺利开展,也才能够有机会将相关研究整理成册。最后要特别感谢我的带教导师,上海工程技术大学社科学院张健明教授。在进入上海工程技术大学工作十余年来,他无时无刻不在关心着学院的发展、关心着我的成长。面对人生的困境,他总是会耐性心地疏导,告诉我们不要急;面对科研的难题,他鼓励我要凝聚学科方向,教会我从原点思考;面对科研和教学的冲突,他告诉我应该学会弹钢琴。在整本书的成型中,在各个课题的立项、合同、结项、汇报中,总能看到他活跃的身影,他总是有问必答。他鼓励我申报项目,耐心地和我讨论调研主题和研究方向,搭建调研框架,和我一起走访调研单位和部门,在报告的形成中又对相关内容的修改提出了诸多的建设性意见。

感谢上海交通大学出版社对于本书的认同,并给予出版。特别感谢上海交通大学出版社提文静女士在本书编辑修改中提出的宝贵建议。

最后,感谢您阅读本书,也希望您享受阅读的过程。城市管理研究已经相当深厚,作为研究的圈外后辈,限于精力和能力,在这本书中,诸多问题只是进行了初步探索;再加上我的才疏学浅,不妥之处在所难免,恳请学界师友不吝赐教,以资提高。

沈世勇

美国·佛罗里达·奥兰多

2019 年 1 月 18 日